诗歌朗诵

SHIGE LANGSONG
（DI-SAN BAN）

[第三版]

张 颂 ◎ 编著

中国传媒大学出版社
·北京·

目录

数字资源

前言/1
壹　诗歌朗诵的基本要求/1
贰　诗歌朗诵的表现特征/11
训练 1/15
训练 2/17
训练 3/20
训练 4/22
训练 5/24

叁　诗歌朗诵的语气运用/27
1.《诗经》《伐檀（第一章）》/42
2. 刘桢《赠从弟》/43
3. 王湾《次北固山下》/43
4. 李白《宣州谢朓楼饯别校书叔云》/43

5. 韦应物《滁州西涧》/43
6. 杜牧《寄扬州韩绰判官》/44
7. 晏殊《浣溪沙》/44
8. 欧阳修《生查子·元夕》/44
9. 苏轼《饮湖上初晴后雨·其二》/44
10. 贺铸《青玉案》/44
11. 杨万里《晓出净慈寺送林子方》/44
12. 萨都剌《上京即事·其三》/45
13. 丘逢甲《元夕无月·其二》/45
14. 徐志摩《沪杭车中》/45
15. 冰心《春水·一七四》/45
16. 戴望舒《元日祝福》/46
17. 卞之琳《断章》/46
18. 海涅《赞歌》/46
19. 普希金《寄西伯利亚》/47

20. 叶芝《当你老了》/47

肆　诗歌朗诵的语势连接/49

伍　五言绝句律诗的朗诵/59

1. 孟浩然《春晓》/63
2. 王之涣《登鹳雀楼》/64
3. 刘长卿《逢雪宿芙蓉山主人》/66
4. 王维《相思》/67
5. 李白《独坐敬亭山》/69
6. 杜甫《绝句二首·其一》/71
7. 裴迪《华子冈》/72
8. 司空曙《金陵怀古》/74
9. 卢纶《塞下曲六首·其三》/76
10. 钱珝《江行无题》(百首选一)/76
11. 寒山《杳杳寒山道》/76
12. 王勃《送杜少府之任蜀州》/78
13. 张九龄《望月怀远》/80
14. 孟浩然《过故人庄》/82
15. 王维《使至塞上》/84
16. 李白《赠孟浩然》/87
17. 戎昱《咏史》/89
18. 杜甫《春望》/91
19. 杜甫《旅夜书怀》/93
20. 韦应物《淮上喜会梁州故人》/93

21. 贾岛《题李凝幽居》/93
22. 李商隐《晚晴》/94

陆　七言绝句律诗的朗诵/95

1. 李白《望庐山瀑布》/97
2. 杜甫《绝句四首·其三》/99
3. 张继《枫桥夜泊》/100
4. 韩翃《寒食》/101
5. 韦应物《滁州西涧》/102
6. 元稹《菊花》/103
7. 杨敬之《赠项斯》/104
8. 朱庆馀《宫词》/105
9. 刘叉《偶书》/107
10. 雍裕之《农家望晴》/108
11. 杜牧《题乌江亭》/109
12. 李商隐《贾生》/110
13. 李群玉《书院二小松》/112
14. 章碣《焚书坑》/113
15. 王驾《雨晴》/114
16. 花蕊夫人徐氏《述国亡诗》/115
17. 无名氏《金缕衣》/116
18. 王安石《登飞来峰》/118
19. 杨万里《晓出净慈寺送林子方》/119
20. 叶绍翁《游园不值》/120

21. 王昌龄《出塞二首·其一》/121
22. 王昌龄《芙蓉楼送辛渐》/121
23. 王维《九月九日忆山东兄弟》/121
24. 李白《赠汪伦》/122
25. 杜甫《江南逢李龟年》/122
26. 元稹《离思五首·其四》/122
27. 杜牧《过华清宫·其一》/123
28. 李商隐《夜雨寄北》/123
29. 朱熹《观书有感》/123
30. 梁启超《读陆放翁集·其一》/123
31. 崔颢《黄鹤楼》/124
32. 杜甫《蜀相》/125
33. 杜甫《闻官军收河南河北》/127
34. 刘禹锡《酬乐天扬州初逢席上见赠》/129
35. 白居易《放言五首·其三》/131
36. 柳宗元《登柳州城楼寄漳、汀、封、连四州刺史》/133
37. 许浑《咸阳城西楼晚眺》/134
38. 李商隐《无题二首·其一》/136
39. 杜荀鹤《自叙》/137
40. 秦韬玉《贫女》/139
41. 陆游《游山西村》/140
42. 文天祥《过零丁洋》/142

43. 元好问《岐阳·其二》/144
44. 虞集《挽文山丞相》/145
45. 高启《岳王墓》/147
46. 何景明《鲥鱼》/148
47. 黄景仁《杂感》/150
48. 龚自珍《咏史》/151
49. 魏源《寰海十章·其九》/153
50. 康有为《秋登越王台》/154
51. 李白《登金陵凤凰台》/156
52. 杜甫《登高》/156
53. 韩愈《左迁至蓝关示侄孙湘》/156
54. 白居易《欲与元八卜邻,先有是赠》/157
55. 白居易《钱塘湖春行》/157
56. 李商隐《无题四首·其一》/157
57. 李商隐《无题》/158
58. 杜荀鹤《山中寡妇》/158
59. 张蠙《夏日题老将林亭》/158
60. 秋瑾《黄海舟中日人索句并见日俄战争地图》/159

柒 古体诗以及词的朗诵/161

1. 北朝民歌《木兰诗》/164
2. 张若虚《春江花月夜》/167

3. 李白《蜀道难》/169
4. 李白《梦游天姥吟留别》/172
5. 李白《宣州谢朓楼饯别校书叔云》/174
6. 杜甫《兵车行》/175
7. 杜甫《丽人行》/177
8. 杜甫《茅屋为秋风所破歌》/178
9. 岑参《白雪歌送武判官归京》/181
10. 白居易《卖炭翁》/182
11. 白居易《长恨歌》/184
12. 白居易《琵琶行》/192
13. 白居易《忆江南》/199
14. 韦庄《菩萨蛮》(五首)/200
15. 范仲淹《苏幕遮》/203
16. 范仲淹《渔家傲》/204
17. 柳永《雨霖铃》/205
18. 柳永《蝶恋花》/207
19. 柳永《望海潮》/207
20. 晏殊《蝶恋花》/210
21. 宋祁《木兰花》/210
22. 欧阳修《蝶恋花》/211
23. 王安石《桂枝香》/213
24. 苏轼《水调歌头》/215
25. 苏轼《念奴娇·赤壁怀古》/216
26. 苏轼《卜算子·黄州定慧院寓居作》/218
27. 秦观《鹊桥仙》/218
28. 秦观《踏莎行》/219
29. 周邦彦《少年游》/220
30. 李清照《如梦令》二首/221
31. 李清照《醉花阴》/222
32. 李清照《声声慢》/223
33. 岳飞《满江红》/224
34. 陆游、唐琬《钗头凤》二首/225
35. 陆游《卜算子·咏梅》/229
36. 辛弃疾《摸鱼儿》/229
37. 辛弃疾《青玉案》/231
38. 辛弃疾《沁园春》/232
39. 辛弃疾《丑奴儿》/233
40. 辛弃疾《破阵子》/234
41. 辛弃疾《永遇乐》/235
42. 陈亮《念奴娇·登多景楼》/237

捌　现代自由体诗的朗诵/241

1. 刘半农《相隔一层纸》/244
2. 郭沫若《天狗》/245
3. 徐志摩《再别康桥》/248
4. 朱自清《赠A.S.》/250

5. 闻一多《红烛》/252
6. 臧克家《有的人》/255
7. 艾青《雪落在中国的土地上》/258
8. 何其芳《生活是多么广阔》/263
9. 贺敬之《桂林山水歌》/265
10. 舒婷《致橡树》/269
11. 海涅《西里西亚的纺织工人》/270
12. 普希金《致恰达耶夫》/272
13. 裴多菲《旗帜》/273
14. 泰戈尔《蒙尘的天祠》/275
15. 泰戈尔《萤火虫》/276
16. 马雅可夫斯基《拍马家》/277
17. 聂鲁达《你的微笑》/281

结束语/285

主要参考书目/288

后记/289

音频目录

讲解、朗诵：张颂

叁 诗歌朗诵的语气运用
李绅《悯农》/30
李商隐《夜雨寄北》/31
杜牧《清明》/32
鲁藜《泥土》/33
叶芝《当你老了》/35
郭沫若《凤凰涅槃》/39
张养浩《[中吕]山坡羊·潼关怀古》/41

肆 诗歌朗诵的语势连接
薛道衡《人日思归》/51
黄巢《题菊花》/52
白居易《长相思》/53
纳兰性德《长相思》/53

伍 五言绝句律诗的朗诵
孟浩然《春晓》/63
王之涣《登鹳雀楼》/64
刘长卿《逢雪宿芙蓉山主人》/66
王维《相思》/67
李白《独坐敬亭山》/69
张九龄《望月怀远》/80
孟浩然《过故人庄》/82
杜甫《春望》/91

陆 七言绝句律诗的朗诵
李白《望庐山瀑布》/97
李商隐《贾生》/110
李群玉《书院二小松》/112
无名氏《金缕衣》/116
杨万里《晓出净慈寺送林子方》/119
叶绍翁《游园不值》/120
崔颢《黄鹤楼》/124
杜甫《蜀相》/125
杜甫《闻官军收河南河北》/127
柳宗元《登柳州城楼寄漳、汀、封、连四州刺史》/133

李商隐《无题二首·其一》/136
秦韬玉《贫女》/139
陆游《游山西村》/140
文天祥《过零丁洋》/142
康有为《秋登越王台》/154

柒　古体诗以及词的朗诵
张若虚《春江花月夜》/167
杜甫《兵车行》/175
杜甫《茅屋为秋风所破歌》/178
白居易《卖炭翁》/182
白居易《长恨歌》/184
白居易《忆江南》/199
范仲淹《苏幕遮》/203
范仲淹《渔家傲》/204
柳永《雨霖铃》/205
晏殊《蝶恋花》/210
欧阳修《蝶恋花》/211
苏轼《水调歌头》/215
苏轼《念奴娇·赤壁怀古》/216

苏轼《卜算子·黄州定慧院寓居作》/218
秦观《鹊桥仙》/218
秦观《踏莎行》/219
李清照《如梦令》二首/221
李清照《声声慢》/223
岳飞《满江红》/224
陆游、唐琬《钗头凤》二首/225
陆游《卜算子·咏梅》/229
辛弃疾《青玉案》/231
辛弃疾《丑奴儿》/233
辛弃疾《破阵子》/234
辛弃疾《永遇乐》/235

捌　现代自由体诗的朗诵
徐志摩《再别康桥》/248
臧克家《有的人》/255
舒婷《致橡树》/269
马雅可夫斯基《拍马家》/277

前　言

朗诵是有声语言的艺术再创作。

文学语言是诉诸视觉供人们阅读的。人们在视觉审美中了解和领会文字作品的思想感情和人物事件。带有艺术品位的文字作品，特别是诗歌，人们只是"看"，很多情况下总觉得不满足，往往产生"念"的愿望。自己念，好像那滋味还出不来，就希望念得好的人朗诵一遍，让听的人得到一种美感享受。为什么会这样呢？因为"念得好"是要花气力、下功夫的。

把文字作品"念"一遍，不过是照字出声、照本宣科，只完成了文字—声音的转换。把文字作品"朗诵"一遍，那就要进行一番创作了。因为文字作品的创作在先，朗诵的创作在后，所以说朗诵是"再创作"。

再创作，是朗诵者以文字作品为依据，经过理解感受，把文字作品转化为有声语言，并运用一定的语言技巧，使有声语言更准确、鲜明、生动，显得有声有色、声情并茂，使听者不但愿意接受，而且还能从中得到感悟。不花气力，不下功夫，是无法达到这个目的的，也就称不上"再创作"。

所谓花气力、下功夫，就是逐步掌握朗诵的创作道路、创作原则、创作方法，一句话：创作规律。掌握了创作规律，就能事半功倍；掌握不了创作规律，便会事倍功半，甚至劳而无功，事与愿违。

掌握朗诵的创作规律，不是光学一点理论或者模仿一下名家就可以奏效的，必须经过反复训练。在训练中体会，在训练中品味，日积月累，探究原委，经过长期实践，才能使朗诵水平不断提高。

训练，是创作主体德、才、胆、识的艰苦磨砺过程，有方法，但无"诀窍"，有过程，但无"捷径"。

有声语言的训练，以创作主体的个体行为为特征。"师傅领进门，修行在个人。"别人无法替代，个人无所依赖。

朗诵训练，通过文字进行讲解，一定为文字束缚，比不得用语言去说明，因此信息和内涵、思想和感情、样式和技巧、情境和风格，都会有明显的损耗，那衰减部分应由创作主体努力去弥补，否则，差之毫厘，谬以千里，难免走到斜路上去。

这本手册，在气息声音、语言表达共性的基础上，仅以诗歌朗诵为主体，无法包罗万象。在训练中要注意"举一反三"，如能触类旁通，则会有利于其他文体的朗诵。

壹

诗歌朗诵的基本要求

重点、基调、语气、韵律是诗歌朗诵的四大支柱。

壹 诗歌朗诵的基本要求

重点

- **定义**：重点，如画龙点睛，把一句、一行、一段、一节、一章、一篇的精神实质、感情凝聚、意向趋势、艺术分寸都给以展示和点染。
- **要求**：
  - 重点要少而精，不宜散乱，不宜杂多。
  - 重点不是单纯地加重声音，但那声音一定与众不同，那效果一定不同凡响。
  - 重点与非重点相辅相成。

基调

- **定义**：基调是全篇总体的思想感情运动显露出来的色彩和分量。
- **要求**：
  - 要有总体的色彩，即基本的态度、基本的感情，就要把握倾向、方向、意向。
  - 要有总体的分量，即态度的轻重程度、感情的浓淡程度，主要把握重度、中度、轻度的区别。
  - 基调的确定，特别强调对文字作品的整体感受，然后再细化为群体和个体的具体感受。
  - 基调的声音表现，更强调音色的变化，如明暗、松紧、抑扬、顿挫的自如弹动、鲜活铺陈。

语气

- **定义**：语气是语言与气息的浑然一体，以语句为基础，思想感情的具体性与声音形式的具体性紧密结合，融为一体。
- **要求**：
  - 语势是指语句的态势与趋向。大体分为波峰、波谷、上山、下山、半起五类。
  - "语无定势"，千万不要认为某种思想感情就必须用某种语势，否则，就会形成"固定腔调"。

韵律

- **作用**：韵律是诗歌的体态，它有力地抒发激情，恰切地凸显美感，文本在视觉上就给人以婀娜多姿的架构美，朗诵艺术又赋予它听觉上的悦耳动听的音乐美。这架构美和音乐美，正是在遣词造句、布局谋篇过程中讲究韵律形成的。
- **定义**：韵律是指普通话音节构成上的声母、韵母、声调和语句、章节中词语序列上的平仄、韵脚，包括个别古音今读、古韵今用。

朗诵，是一面旗帜，宣传真理和正义，张扬真情和正气，召唤人们为人类的理想和美好的生活勇往直前，感化人们提高生命的质量和珍惜生存的权利。

朗诵，是一股春风，带给人们温暖的气息，送给人们温馨的感觉，它拂面而来，体贴柔顺；它绿岸而过，风光旖旎，融化了人们心中的块垒，展现了人间的多彩生活。

朗诵，是一把匕首，可以剖析悲欢离合的历史，可以揭露假冒伪劣的丑行，它铁面无私，如日月经天，它锋芒毕露，似朗朗乾坤，昭示世界，使人心都变得坦荡敞亮。

朗诵，是一座殿堂，艺术的高雅和华贵仰首可见，经典的厚重和深邃引人入胜，它的精美隽永令人赏心悦目，如黄钟大吕令人振聋发聩。有声语言在这里并不比文字语言逊色，这里再创作比创作本身还更加受到喝彩。

朗诵既有文本的文化传承血脉，又有当代人文精神的关怀；"口耳之学"在朗诵中得到了具体说明，"脍炙人口"在朗诵中显出了形象内涵。凡是进入朗诵视阈的文字作品，便增添了有声语言的魅力，凡是获得朗诵美感的在场观众，就能领略了语言艺术的真谛。

并不是所有的文本都适宜于朗诵，也不是凡是适宜于朗诵的文本都适宜于训练。朗诵有难易，训练也有层级。有很多经典性的朗诵作品，需要精深的艺术造诣和语言功力，并且显现出创作主体的风格，达到了一般后学者不易企及的艺术境界，可作某种范式，却不好成为训练材料。"功夫在诗外"，那"诗外"的功夫是以广博的学识和人生阅历为根基的。

诗歌，需要凝聚的感情，需要精美的语言，需要高远的意境，需要灵动的表现。从这个角度说，诗歌朗诵有难度。但由于诗歌词语的拓开、语气的舒展、字音的绵长、韵脚的鲜明，层级的分野也比较清楚，朗诵者可比较真切地对其进行艺术把握。

诗歌，比散文、小说、寓言等语言样式更明朗，词句推进的过程更能让朗诵者在具体感受中驾驭，疏密度的控制要张弛有致，节奏也不能过于自然直白。朗诵者有一定的时间、空隙去延续或转变语言的态势和趋向，使语流速度保持在其内涵所充实的时值中。

对诗歌的表层把握与深层驾驭，造就了朗诵者"胸有成竹"的内心状态。朗诵者有时竟能从容地融入前理解的储备，在潜意识中主动调节、整合逻辑感受和形象感受，并在词语准确度、感情抒发度、语言疏密度、声音起伏度等方面控纵有节、强化对比，及于听者之耳，达于听者之心。

朗诵者在分析文字作品结构、主题之后，显化背景和目的的过程中，要紧紧抓住重点和基调，这是相当关键的。重点就是目的的落实，也是结构的枢纽。基调是总体色彩和分量的合成。

朗诵者在形之于声时，还要从文本出发，熟练地体味每个诗句的语气、每首诗的韵律。应该说，重点、基调、语气、韵律是朗诵诗歌的四大支柱，它们共同撑起了朗诵艺术的华美架构。

重点,如画龙点睛,把一句、一行、一段、一节、一章、一篇的精神实质、感情凝聚、意向趋势、艺术分寸都给以展示和点染。

重点要少而精,不宜散乱,不宜杂多。只有少而精才能突出,只有少而精才会深刻。

重点不是单纯的理智产物,同时必须是酝酿的感情产物,不仅是语意的解读,还应是语趣(理趣、情趣)的表露。

重点不是单纯地加重声音,但那声音一定与众不同,那效果一定不同凡响。重点是轴心,其前其后围绕它运动,重点是路牌,走来走去依靠它指引。

重点与非重点相辅相成,非重点部分也有主次关系,重点也有大小的差异,非重点的削弱和重点的突出,相比较而存在,在对比中显现。

基调是全篇总体的思想感情运动显露出来的色彩和分量。一字、一行、一句、一段、一章、一篇是词语造就的个体、群体和整体,不可有字无句,有句无段,有段无篇。

全篇总体的把握是对各字、各行、各句、各段的组织和调动。个体要服从群体,群体要服从整体,不应有离散和遗落。但整体中又要有群体和个体的存在价值,不应囫囵吞枣,不应模糊一片。

要有总体的色彩,即基本的态度、基本的感情,就要把握倾向、方向、意向。倾向是一种价值取向,判断中的取舍,主观上的偏重。由倾向决定方向,由方向确定意向。犹如画作中的主色调,乐曲中的主旋律。但这色彩并不单一,常常是混合而成。

要有总体的分量,即态度的轻重程度、感情的浓淡程度,主要把握重度、中度和轻度的区别。重度,包括沉重、凝重、深重、浓重。中度稍次之。轻度也分轻松、轻快、轻柔、轻淡。重、中、轻的区别，也要有不同的层级，如最、很、较等的相对差异。

　　基调的确定，特别强调对文字作品的整体感受，然后再细化为群体和个体的具体感受。最终形成整体对群体、个体的统摄观照，群体和个体对整体的呼应粘连。

　　基调的声音表现，虽离不开音高、音长、音强，但更强调音色的变化，如明暗、松紧、抑扬、顿挫的自如弹动、鲜活铺陈。

　　语气是语言与气息的浑然一体，以语句为基础，字字珠玑、语语中的，句句贴切、语流畅达。每一句都是"这一句"，承上启下，自然衔接，思想感情的具体性与声音形式的具体性紧密结合，融为一体。

　　语势是指语句的态势与趋向，类似常用的"语调"。不过，语调关注本句情态，语势更关注发展趋向。语势大体分为波峰、波谷、上山、下山、半起五类。由于"这一句"的个性，应注意句首不要同一起点，句腹不要同一态势，句尾不要同一落点。语势并无模式，即"语无定势"，千万不要认为某种思想感情就必须用某种语势，否则，就会形成"固定腔调"。

　　语势，是整个语流中的一个小片段，可以有静态的描写，却不可做静态的表达。语势是动态的，它具有波浪式和曲折性，永远处于起伏汹涌的状态中，永远是在对比推进的行程中，一旦割裂和出现空白，便会违背水到渠成和一气呵成的原则，形成堵塞和漏洞。

　　语势，因文本风格和朗诵艺术的独特表达而显出千差万别，千姿百态。同一文本，由不同的朗诵者处理，会有不同的特点；同一朗诵者在不同的地点、场合、时间、氛围中朗诵同一文本，很可能出现不同的效果。这正是语势的艺术魅力所在,也是有声语言表达规律在再创作境界中的充分展现。

语势所体现的语气,有别于语法范畴,相异于日常话语,它所涵盖的广远时空,既使"这一句"准确鲜明,更使"这一篇"神采飞扬,它包容了文本世界和朗诵艺术美学理想,合二而一,极大地催动了语言流动的奇光异彩,其奥妙、精致,使朗诵者乐此不疲,使听者流连忘返。语气是性灵、精灵、通灵的显露和昭示,朗诵可以超越文本,可以超越创作主体,达到二者相得益彰、交相辉映的效果。优秀的朗诵是难以用语言形容的,而语气是核心。

韵律是诗歌的体态,它有力地抒发激情,恰切地凸现美感,文本在视觉上就给人以婀娜多姿的构架美,朗诵艺术又赋予它听觉上悦耳动听的音乐美。这构架美和音乐美,正是在遣词造句、布局谋篇过程中讲究韵律形成的。

韵律是指普通话音节构成上的声母、韵母、声调和语句、章节中词语序列上的平仄、韵脚,包括个别古音今读、古韵今用。

声、韵、调的变化,平仄、韵脚的规则,共同营造了诗歌韵律的悠远高扬,产生了规整中的错落有致,参差中的有章可循,既有鲜明的节拍乐感,又有鲜活的词语张力,不因格式而单调,也不因自由而失度。

韵律,不论是古体、近体,不论是格律、自由,在各类诗歌中都不可或缺。它好像只是形式,实际上,它是内容和形式的融合。如果说诗歌有灵魂,韵律是体态,魂要附体,体要纳魂。魂不附体,体不纳魂,称不上好诗,甚至只是行尸走肉。

韵律造就美感,因其构成元素包含着美感意味,诸元素的组合,便使有声语言获得了有意味的形式,或者说具有了形式的意味。这有意味的形式同诗意、诗情融合在一处，便是诗味。那声母各发音部位、发音方法，韵母的唇形与舌位，那声调的阴阳上去(入派三声)，那平仄、对仗、用韵、取境……都赋予诗歌以韵律美。

朗诵，是朗诵者的艺术再造，是朗诵者唱给文本的歌，是朗诵者为文本谱的曲，是朗诵者以文本为蓝图向听者描绘的理想国，是朗诵者以文本为桥梁，跨越内心的河，进入艺术殿堂的生命之旅。

朗诵者不应满足于自己的声音、口齿和技巧，而应下功夫校正自己的世界观、人生观、价值观、审美观。朗诵者的追求是朗诵艺术的高境界，以高尚的情操陶冶人，以优秀的作品鼓舞人，以生命的感情给人以启迪，以高雅的品位给人以导引，以对利己和拜金的轻蔑使人脱离庸俗，以对奉献和勤奋的赞颂使人走近崇高。朗诵艺术不是涂脂抹粉的婢女，不应用以邀欢买笑；朗诵艺术不是贫嘴薄舌的食客，不应用以调侃人生。当然，朗诵艺术也不是道貌岸然的圣人，不必"世人皆浊我独清"地去居高临下、指点迷津。

朗诵艺术需要语言功力，需要艺术技巧，但这功力、这技巧是不能一蹴而就的。学习和运用技巧要经过两个阶段：第一个阶段就是在对文本进行整体艺术把握的前提下，刻意雕琢的阶段。"熟能生巧""玉不琢，不成器"，因此要重视技巧的功能，要掌握技巧的精髓。第二个阶段，返璞归真的阶段，在技巧运用达到一定水平时，便超越了"刻意"，进入了"无意"，不再考虑技巧，却又是技巧无处不在，那便是"大巧若拙""不工者，工之极也"

"天然去雕饰"。"艺术之所以是艺术,就因为它不是自然",但返璞归真阶段,又回归到质朴自然,不过,这自然已经是自然美了。为此,我们要刻苦训练,以百倍的努力去攀登炉火纯青的艺术高峰。

➡ 知识梳理

重点,如画龙点睛,把一句、一行、一段、一节、一章、一篇的精神实质、感情凝聚、意向趋势、艺术分寸都给以展示和点染。重点要少而精,不宜散乱,不宜杂多。重点不是单纯地加重声音,但那声音一定与众不同,那效果一定不同凡响。重点与非重点相辅相成。

基调是全篇总体的思想感情运动显露出来的色彩和分量。要有总体的色彩,即基本的态度、基本的感情,就要把握倾向、方向、意向。要有总体的分量,即态度的轻重程度、感情的浓淡程度,主要把握重度、中度、轻度的区别。基调的确定,特别强调对文字作品的整体感受,然后再细化为群体和个体的具体感受。基调的声音表现,更强调音色的变化,如明暗、松紧、抑扬、顿挫的自如弹动、鲜活铺陈。

语气是语言与气息的浑然一体,以语句为基础,思想感情的具体性与声音形式的具体性紧密结合,融为一体。语势是指语句的态势与趋向,大体分为波峰、波谷、上山、下山、半起五类。"语无定势",千万不要认为某种思想感情就必须用某种语势,否则,就会形成"固定强调"。

韵律是诗歌的体态,它有力地抒发激情,恰切地凸显美感,文本在视觉上就给人以婀娜多姿的架构美,朗诵艺术又赋予它听觉上的悦耳动听的音乐美。这架构美和音乐美,正是在遣词造句、布局谋篇过程中讲究韵律形成的。韵律是指普通话音节构成上的声母、韵母、声调和语句、章节中词语序列上的平仄、韵脚,包括个别古音今读、古韵今用。

  朗诵者不应满足于自己的声音、口齿和技巧,而应下功夫校正自己的世界观、人生观、价值观、审美观。朗诵艺术需要语言功力,需要艺术技巧,但这功力、这技巧是不能一蹴而就的。我们要刻苦训练,以百倍的努力去攀登炉火纯青的艺术高峰。

贰

诗歌朗诵的表现特征

第一,热情洋溢的表演心态。
第二,得心应口的喷弹力度。
第三,张弛鲜明的疏密尺度。
第四,高低起落的抑扬幅度。
第五,见微知著的刚柔强度。
第六,浓淡相宜的明暗亮度。

贰 诗歌朗诵的表现特征

第一，热情洋溢的表演心态。
朗诵者的创作心态，是一种当众表演心态。这种表演心态，要求朗诵者以个人身份当众"孤独"地创造文本的情境，表达文本的精神，把朗诵者对文本的理解、感受、体验、把握，有的放矢、有动于衷地向听者揭示出来，表现出来。

第二，得心应口的喷弹力度。
- 首先，唇的开齐合撮要控制有力。
- 其次，舌头要弹动有力，犹如向口腔外弹出，叫作吐字如珠。
- 再次，凡是需要加大力度喷弹的字词，一定要大胆弹送，甚至"夸大其词"。
- 最后，喷弹力度是建立在正确的用气发声、吐字归音基础上的，而力度的大小取决于对词语、篇章思想感情的把握和引发状况。

第三，张弛鲜明的疏密尺度。
- 语流的速度必须有快有慢，要快而不乱，慢而不断。
- 疏密尺度，主要表现在节拍的一定时值内所容纳的字词数量，一个节拍中可能是一两个音节，也可能是多个音节，而每个音节的时值又会有诸多不同。
- 张弛鲜明，是朗诵中相当重要的表现方法，一定要避免张弛相近、张弛对比太小、自己感到有了张弛而实际听觉并不鲜明等情况，当然也要避免为了张弛鲜明而生硬变化的毛病。

第四，高低起落的抑扬幅度。
- 抑扬，应该包含高低、强弱、快慢，这里主要指高低起落。
- 抑扬讲求渐变和突变，要避免不足和过分。
- 抑扬技巧多种多样，高低有依据，起落有层次。
- 抑扬幅度可以先定一个基线，上行五度，下行五度，大体可以显示抑扬的起落差距。

第五，见微知著的刚柔强度。
- 所谓声音的强度，绝不简单地归结为声音大小或声音强弱。有时，刚性明显，却可能声音低，也可能声音小；有时，柔性明显，却可能声音高，也可能声音大。
- 一句一段、一节一篇，不可能一刚到底或一柔到底。总是刚中有柔，柔中有刚，互相映衬，互为主从。刚多柔少，就属于刚；刚少柔多，就属于柔。

第六，浓淡相宜的明暗亮度。
- 明暗亮度的"明"是指：气息较集中，口腔控制稍紧，吐字稍着力，共鸣腔较开，发音位置稍前移，声音走向较上行，渐强，尤其注意颧肌抬起的唇齿相依；反之则偏暗。
- 明暗亮度必须在声、韵、调、轻重格式、语势上下、语气色彩和分量、重点的主次关系等方面实现对比有度、控纵自如。

朗诵艺术是一种独立的艺术语言形态，它既有语言艺术的共同规律，又无处不显示出自身的表现特征，诗歌朗诵尤其如此。

朗诵艺术的表现特征，主要是：

第一，热情洋溢的表演心态。

朗诵者的创作心态，是一种当众表演心态。朗诵不同于生活中的谈话，不同于语文课上的朗读，不同于大会上的发言，不同于当众发表的讲演，也不同于话剧的角色塑造，更不同于话筒前的报告新闻。

这种表演心态，要求朗诵者以个人身份当众"孤独"地创造文本的情境，表达文本的精神，把朗诵者对文本的理解、感受、体验、把握，有的放矢、有动于衷地向听者揭示出来，表现出来。

这种表演心态，必须热情洋溢，不应冷漠平淡，不应若即若离。要积极迫切、愿望强烈，要从容自如、感同身受。

这种表演心态，必须尊重文本，不应自我表现，不应貌合神离。要出口有据、忠实原作，要突出题旨、真挚充实。

这种表演心态，不是扮演文本作者，复制史实，而是强化转述意识，增加历史厚重感。更不是扮演文本中的人物，重现角色,而是站在时代高度,大力张扬美学内涵,显化人生况味。

这种表演心态,要符合"口耳之学"的由己达人规律,以夸张、渲染的手法,表现出文本的深厚底蕴,充实和丰富文本字里行间的寓意和深情。

第二,得心应口的喷弹力度。

得心应口的喷弹力度是朗诵者在用气发声方面应具备的基本条件。气息的运动,声音的响亮,必须落实到唇舌的喷弹力度上,才能字正腔圆、铿锵有力。

喷弹力度不是字字用力、声声震耳,而是吐字有力、弹动入耳。

首先,唇的开齐合撮要控制得力。要把四呼的要领掌握住,然后根据字词、语句的色彩和分量加以运用,不要每个字都使劲,都使劲就把字的清晰度弄得含糊了,或者变得有字无句了。

其次,发音最活跃的器官——舌头,要弹动有力,犹如向口腔外弹出,叫作吐字如珠。珠子有大小,弹出有曲直,送达有远近。舌头的动程一要准,二要快。双唇、唇齿、舌尖前中后、舌面、舌根、边音、鼻音的成阻,要成点成线不成面,接触的面积越小越好。持阻时要因字的主次位置、作用大小而恰当用力。除阻要迅速,不要拖泥带水。韵腹要拉开立起,韵尾要到位,点到为是。字的音节构成、词的字字衔接、句子的流畅转换,舌头的作用极大。舌头控制不得力肯定影响表情达意。

再次,凡是需要加大力度喷弹的字词,一定要大胆弹送,甚至"夸大其词"。

最后,喷弹力度是建立在正确的用气发声、吐字归音基础上的,而力度的大小取决于对词语、篇章思想感情的把握和引发状况。

训练 1

百炼成钢："百"（bǎi）中度喷口，"炼"去声下降，"成"阳平上行，"钢"提高到明显的阴平，gāng 的 g，要有重度的舌根除阻，并延长整个音节。"百"字不能用力太大，"钢"字不能用力太小，用以显示冶炼次数之多，最后成为坚硬的、不屈不挠的"精钢"。

大江东去："大"（dà）重度喷口，但要有去声长度，广阔的感觉，而不是重大的感受。"江"要承上并托住，"东"阴平前推，"去"紧接前字，似势不可挡，延长去声并渐远、渐小。

万里雪飘："万"（wàn），重度喷弹，但要立即接上声"里"，延长而不上扬。"雪"沿降势下行，迅速上扬。"飘"中度喷口，但阴平高行，长而渐轻，有"纷纷扬扬"的感受，辽阔而壮美。

浪遏飞舟："浪"（làng）重度喷弹，稍延长便突接"遏"（è），着力发音，顿住。"飞"要中度喷弹，加大长度，似快而由近达远，似高而由慢渐轻。"舟"字收住，浪高急，舟行受阻的感受。

晓风残月："风"（fēng）轻冷的感受，轻度喷弹。"残"上扬，"月"中度喷弹，居高而渐弱，去声延长。

羽扇纶巾："扇"（shàn）轻度喷弹，稳重的感受，稍带摇动感，去声稍长。"纶巾"中重格式，"巾"不要咬死，有飘逸感。

夜阑人静：整体轻弹，"夜"下沉稍长，"阑"轻扬，"人"松弛上提，"静"平稳下落，直至渐歇。

雨打芭蕉："雨"（yǔ），因后面的"打"也是上声，故此字声调近似阳平，微微上扬。"打"为中度，弹出却不着力，微降。"芭蕉"中度格式，但在阴平连接阴平走势中，"bā"不用力，显现摇曳的绿叶形态，有晶莹轻柔之感，迥异于"大雨滂沱"。

以上是四个字的不同情况的喷弹力度,需要"字斟句酌",仔细揣摩。不论字数多少,大概就是这样训练,就是这样体味。经过反复练习,是会有实在的运用的。

第三,张弛鲜明的疏密尺度。

这里是指语流的速度,必须有快有慢,不要一快就快到底,一慢就拖到尾。要快而不乱,慢而不断。从词到意群,从句到句群,从音节到词语,从诗行到篇章,都存在这个问题。

疏密尺度,因语意、语气、重点、基调的差别而改变,因思想感情运动状态的变化而有语流行进速度的把握。

疏密尺度,主要表现在节拍的一定时值内所容纳的字词数量,一个节拍中可能是一两个音节,也可能是多个音节,而每个音节的时值又会有诸多不同。

疏密尺度,要看音节的长度,根据语意的发展,几乎每个音节的长度都不一样。当然,其中还包括约定俗成的一些词语声音样态,如轻重格式、轻声、主次关系等比较固定的时值估量与时值比较。

张弛鲜明,是朗诵中相当重要的表现方法,一定要避免张弛相近、张弛对比太小、自己感到有了张弛而实际听觉并不鲜明等情况,当然也要避免为了张弛鲜明而生硬变化的毛病。

体现疏密关系,在诗词中要特别掌握词语拓开的方法。初学者唯恐中断语意,往往把词语挤在一串里,不敢拉开距离,不敢有加大停顿、快速连接的对比,我们的训练就从这里开始。原则还是:充实内心依据,拓开音节距离。

训练 2

李白⟶乘舟⟶将⟶欲行⟶,
忽闻⟶岸上⟶踏⟶歌⟶声⟶。
桃花⟶潭水⟶深⟶千尺⟶,
不及⟶汪伦⟶送⟶我⟶情⟶。

(李白《赠汪伦》)

宁化⟶清流⟶归化⟶,
路隘⟶林深⟶苔滑⟶。
今日向何方,直指⟶武夷山下⟶。
山下山下,⟶风⟶展⟶红旗⟶
　　如⟶画⟶。

(毛泽东《如梦令·元旦》)

假使⟶我们不去⟶打仗,
敌人⟶用刺刀
杀⟶死了我们,
还要用⟶手⟶指着我们骨⟶头说:
"看,
　　这是⟶奴⟶隶!"

(田间《假使我们不去打仗》)

|大堰河|,是我的|⟶|保姆|。
|她的名字|就是生她的|村庄⟶

|的名字|,
|她是→|童养媳|。
|大堰河|,是我的→|保姆|。
|我是地主的儿子|;
|也是吃了|大堰河的奶→|
　|而长大了的|
|大堰|河→的|儿子|。

……

|大堰河|,|我是吃了|你的奶
　|而长大了的|
|你──|的→儿子|,
|我→|敬→|你
|爱──|你──|!

(艾青《大堰河,我的保姆》)

|在──|苍茫的|大海上|,
|狂风→|卷集着|乌→云|。
|在乌云和|大海之间|,
|海──|燕──|像黑色的|
|闪电→|
在高→|傲地|飞→翔|。

……

——|让暴风雨|来得更猛→|烈→|
|些吧→|

(高尔基《海燕》)

第四,高低起落的抑扬幅度。

抑扬,应该包含高低、强弱、快慢,这里主要指高低起落。

在朗诵中,语流的高低变化也是非常重要的,像大江大河一样,波浪滚滚,大起大伏。即使是潺潺的小溪,涓涓的细流,也要找到它们的流动感、起伏度。

没有起伏,就没有流动,没有流动就没有生命。

抑扬顿挫,是表达内容的需要,是语气的夸张和色彩分量渲染的需要,不是故弄玄虚,不是哗众取宠。要让听者感受到强烈的感染,要让诗味得到浓重的散发。

抑扬讲求渐变和突变,要避免不足和过分。

初学者,主要是不足,因此,先不要怕过分。

抑扬技巧多种多样,高低有依据,起落有层级。有时先抑后扬,有时先扬后抑,有时扬起再抑更扬,有时落下再扬更抑……万不可走一种套路,否则就成了固定腔调。

抑扬幅度可以先定一个基线,上行五度,下行五度,大体可以显示抑扬的起落差距。其中轻重缓急的情况暂且不谈,以免初学者顾此失彼。

要注意,基线并无绝对音高,要根据朗诵者自己的音域,大体上取其中,上行到最高,不应声嘶力竭,下行到最低,也不应气堵声噎。

训练 3

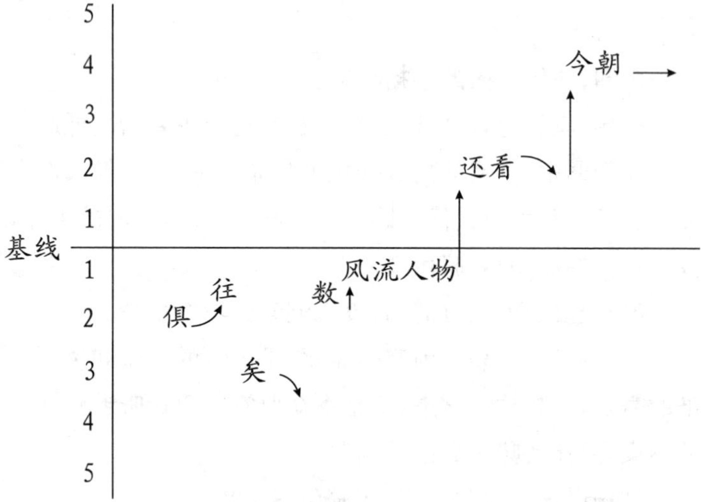

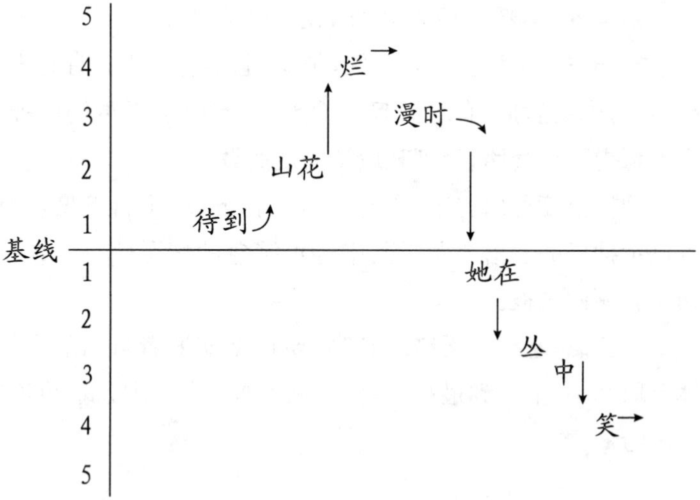

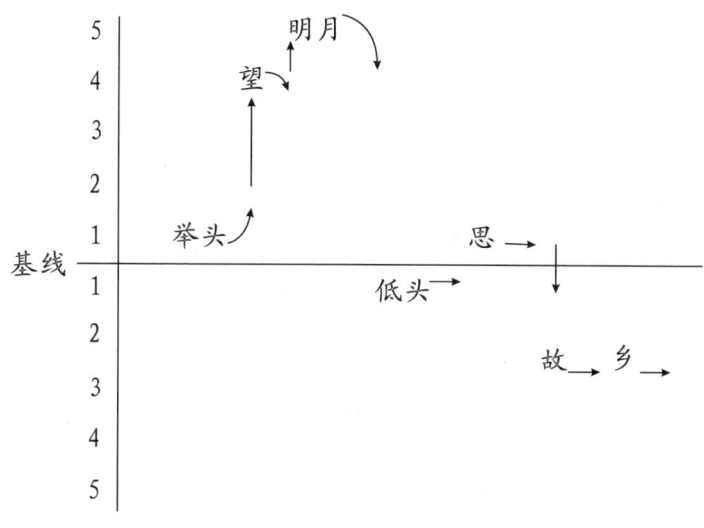

第五,见微知著的刚柔强度。

在声音的形态中,刚柔相济实在是一种十分美妙的境界,但把握起来却很不容易。因为什么是刚,什么是柔,二者相辅相成又是怎样的感觉,既不能清晰地认知,又不能明白地表述。

这里的刚柔一般表现为声音的强度,或者叫硬度。它不同于喷弹力度,不表现在音节的点上,又不同于抑扬幅度,不以声音的高低为其尺寸。而所谓声音的强度,绝不简单地归结为声音大小或声音强弱。有时,刚性明显,却可能声音低,也可能声音小;有时,柔性明显,却可能声音高,也可能声音大。

这里的刚柔,还有异于"阳刚之美、阴柔之美"的风格学意义。至少在训练中不做这种较高的要求。倒可以简单化些,用"较硬""较软"去理解、去应用,可能稍稍接近。但这硬并非生硬,这软也并非懈怠。一定要注意。

一句一段、一节一篇,不可能一刚到底或一柔到底。总是刚中有柔,柔中有刚,互相映衬,互为主从。刚多柔少,就属于刚;刚少柔多,就属于柔。究竟如何计算比例,却不可量化,不应去按音节单位衡量。刚柔是相比较而存在,都有其不同的级差,也不会是至刚至柔的比对。

在训练中,特别要发挥"语感"的作用,培养对语气的声音听辨力,以便从感觉上去意识那刚柔的形态。

一般用△表示刚,用〜〜〜表示柔,划在句子的下边。

训练 4

风雨送春归,飞雪迎春到,
已是悬崖百丈冰,
犹有花枝俏。

(毛泽东《卜算子·咏梅》)

烟笼寒水月笼沙,
夜泊秦淮近酒家。
商女不知亡国恨,
隔江犹唱后庭花。

(杜牧《泊秦淮》)

忧郁的眼睛里没有泪痕,
他们坐在织机旁切齿痛恨:
德意志,我们在织你的殓布,

我们织进了三重咒诅——
我们织,我们织!

(海涅《西里西亚的纺织工人》)

弱小的草呵!
骄傲些罢,
只有你普遍地装点了世界。

(冰心《繁星·四八》)

你冲破了黑暗的束缚,
你微小,然而你并不渺小,
因为宇宙间一切光芒,
都是你的亲人。

(泰戈尔《萤火虫》)

第六,浓淡相宜的明暗亮度。

有声语言不仅有刚柔相济,更有明暗互补。这明暗,是一种亮度,是思绪、心境的一种显露。虽然自然界有各种明暗亮度,但反映在人的思想感情变化上,很多时候并不一致,有时甚至相反,朗诵创作中,应该给予注意,并恰当地加以表现。

有声语言的明暗亮度,不同于元音的开口度、韵腹的响亮度,也不同于调值的高低度和修辞的华丽度。明与暗的发音与听辨的感觉,是一种综合因素的具体运用。

明暗亮度的"明"是指:气息较集中,口腔控制稍紧,共鸣腔较开,吐字稍着力,发音位置稍前移,声音走向较上行,渐强,尤其注意颧肌提起的唇齿相依；反之则偏暗。

明暗亮度，必须在声、韵、调、轻重格式、语势上下、语气色彩和分量、重点的主次关系等方面实现对比有度、控纵自如。

明暗亮度，必须讲究多层次，亮到极点会刺耳，暗到极点会吃字。哪里亮到什么程度，哪里暗到什么程度，是有分寸的，应同思想感情的色彩、分量相和谐，不能南辕北辙。

明与暗是在对比中表现，由明至暗，由暗至明，由稍明到稍暗，由稍暗到稍明，都有过渡，并不是突明突暗。就是要求对比鲜明时，也不可能没有一点儿过渡。

明暗亮度，同喷弹力度、疏密尺度、抑扬幅度、刚柔强度都有关联，但不能混为一谈。明暗亮度在营造氛围、生成意境方面，起着不可替代的作用。

为了方便，用。表示明，用·表示暗。

训练5

前不见古人，后不见来者。
念天地之悠悠，
独怆然而涕下！

(陈子昂《登幽州台歌》)

敕勒川，阴山下，
天似穹庐，笼盖四野。
天苍苍，野茫茫，
风吹草低见牛羊。

(北朝民歌《敕勒歌》)

独在异乡为异客,
每逢佳节倍思亲。
遥知兄弟登高处,
遍插茱萸少一人。

(王维《九月九日忆山东兄弟》)

太阳的光
洗着我早起的灵魂;
天边的月
犹似我昨夜的残梦。

(宗白华《晨兴》)

走六小时寂寞的长途,
到你头边放一束红山茶,
我等待着,长夜漫漫,
你却卧听着海涛闲话。

(戴望舒《萧红墓畔口占》)

知识梳理

第一,热情洋溢的表演心态。朗诵者的创作心态,是一种当众表演心态。这种表演心态,要求朗诵者以个人身份当众"孤独"地创造文本的情境,表达文本的精神,把朗诵者对文本的理解、感受、体验、把握,有的放矢、有动于衷地向听者揭示出来,表现出来。

第二,得心应口的喷弹力度。喷弹力度是吐字有力,弹动入耳。首先,唇的开齐合撮要控制有力。其次,舌头要弹动有力,犹如向口腔外弹出,叫作吐字如珠。再次,凡是需要加大力度喷弹的字词,一定要大胆弹送,甚至"夸大其词"。最后,喷弹力度是建立在正确的用气发声、吐字归音基础上的,而力度的大小取决于对词语、篇章思想感情的把握和引发状况。

第三,张弛鲜明的疏密尺度。语流的速度必须有快有慢,要快而不乱,慢而不断。疏密尺度,主要表现在节拍的一定时值内所容纳的字词数量,一个节拍中可能是一两个音节,也可能是多个音节,而每个音节的时值又会有诸多不同。张弛鲜明,是朗诵中相当重要的表现方法,一定要避免张弛相近、张弛对比太小、自己感到有了张弛而实际听觉并不鲜明等情况,当然也要避免为了张弛鲜明而生硬变化的毛病。

第四,高低起落的抑扬幅度。抑扬,应该包含高低、强弱、快慢,这里主要指高低起落。

抑扬讲求渐变和突变,要避免不足和过分。抑扬技巧多种多样,高低有依据,起落有层次。

抑扬幅度可以先定一个基线,上行五度,下行五度,大体可以显示抑扬的起落差距。

第五,见微知著的刚柔强度。这里的刚柔一般表现为声音的强度,或者叫硬度。所谓声音的强度,绝不简单地归结为声音大小或声音强弱。有时,刚性明显,却可能声音低,也可能声音小;有时,柔性明显,却可能声音高,也可能声音大。一句一段、一节一篇,不可能一刚到底或一柔到底。总是刚中有柔,柔中有刚,互相映衬,互为主从。刚多柔少,就属于刚;刚少柔多,就属于柔。

第六,浓淡相宜的明暗亮度。明暗亮度的"明"是指:气息较集中,口腔控制稍紧,共鸣腔较开,吐字稍着力,发音位置稍前移,声音走向较上行,渐强,尤其注意颧肌提起的唇齿相依;反之则偏暗。明暗亮度必须在声、韵、调、轻重格式、语势上下、语气色彩和分量、重点的主次关系等方面实现对比有度、控纵自如。

叁 诗歌朗诵的语气运用

语气,语句的一定思想感情支配下的一定声音形式。

诗歌朗诵的语势有六类:波峰类、波谷类、上山类、下山类、半起类、突变类。

叁 诗歌朗诵的语气运用

- **语气的定义**：语气,语句的一定思想感情支配下的一定声音形式。

- **语势的种类**：
  - 一是,波峰类:不管如何起句和收句,句腹主要在高处或达到较高处,如波浪之峰。
  - 二是,波谷类:句腹下降,如两个浪头之间的低谷。
  - 三是,上山类:由句首经句腹至句尾,一层高过一层,或总的趋向是上升。
  - 四是,下山类:句首高起,句腹走势下行,句尾较低,但并不一定达到最低点。
  - 五是,半起类:句首较低,句腹上扬到一半便悬置在中途,似言未尽,似求应答。
  - 六是,突变类:为了强调和突出某个词语,打破常规走向,突然高扬或突然转向,使表达陡然变化,以产生强烈的听觉效果。

叁 诗歌朗诵
的语气运用

在了解了诗歌朗诵的表现特征之后,我们就可以进入语气的训练了。

其实,语气是以语句为中心,考察语句的"这一句"的特性,从而连接上一句、下一句,甚至连接上几句、下几句的基本表达手段、方式、方法和技巧。

语气,语句的一定思想感情支配下的一定声音形式。语句的结构,即词语序列,包括使用的音节、概念、词性、语法、修辞。这一结构贯通了一种什么样的思想感情?语义、语境、语旨、语趣在哪里?有怎样的色彩和分量?在诉诸声音时,又是如何使声音变化的?有什么样的态势和趋向?这些就把"这一句"立体化、具象化、鲜活化、精妙化了。

一首诗,或者一篇作品,都是由"句"建构而成的,抓住了一个一个的"这一句",就抓住了全部,舍弃了句子,就削弱甚至损坏了全部。

我们已经谈过的表演心态、喷弹力度、疏密尺度、抑扬幅度、刚柔强度、明暗亮度,都要落实到"这一句"之中。这诸种综合运用并不是相加、叠加,而是相融、化合,成为一个整体。这就需要我们积极刻苦地训练,由简到繁、由浅入深地锤炼、磨砺。

语气的训练,在诗歌朗诵中尤显重要。精炼中应出神采,抒发中须重意境,工整中要有变化,韵律中生出意味。

语气的训练,先要把握语势,即语句行进的趋向和态势,一般分为五类,朗诵诗歌还要加一类,共六类。

一是,波峰类:不管如何起句和收句,句腹主要在高处或达到较高处,如波浪之峰。

如:

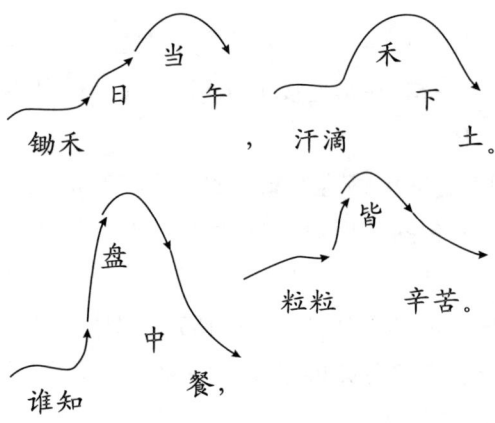

(李绅《悯农》)

二是,波谷类:句腹下降,如两个浪头之间的低谷。如:

(李商隐《夜雨寄北》)

三是，上山类：由句首经句腹至句尾，一层高过一层，或总的趋向是上升。

如：

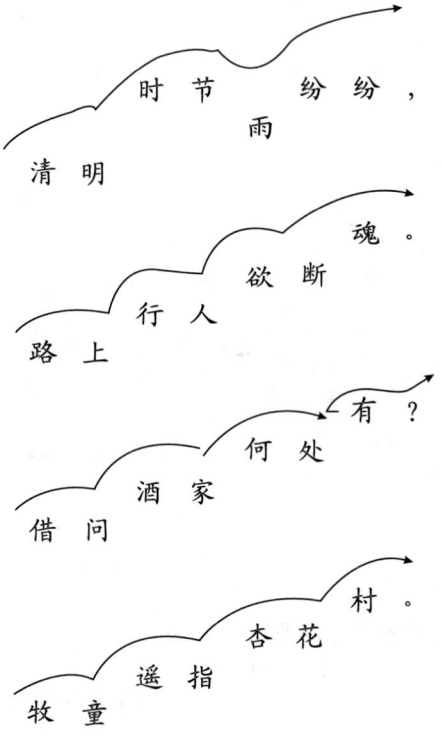

(杜牧《清明》)

如：

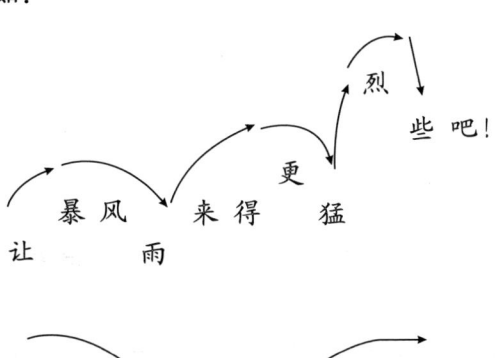

(高尔基《海燕》)

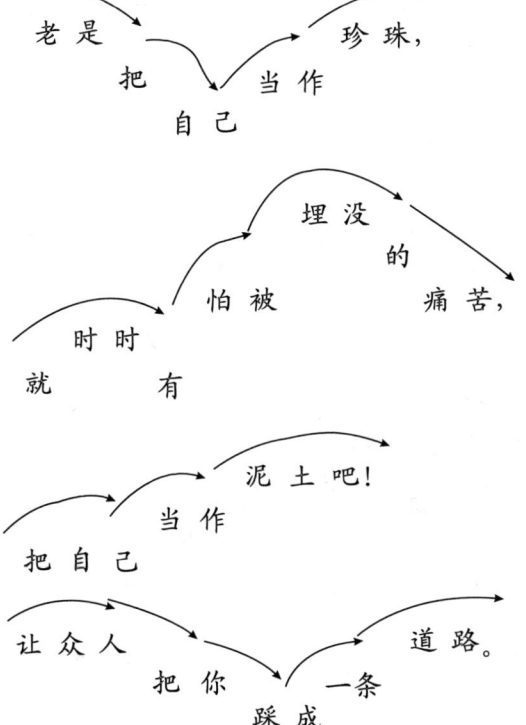

(鲁藜《泥土》)

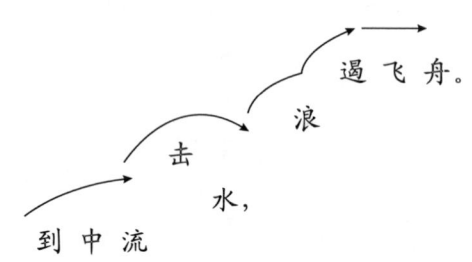

（毛泽东《沁园春·长沙》）

四是，下山类：句首高起，句腹走势下行，句尾较低，但并不一定达到最低点。

如：

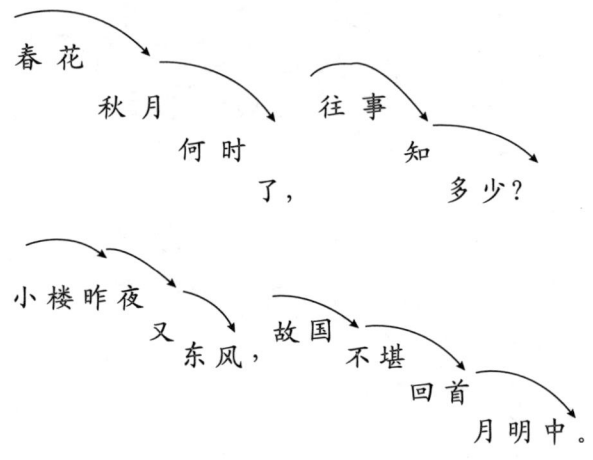

（李煜《虞美人》）

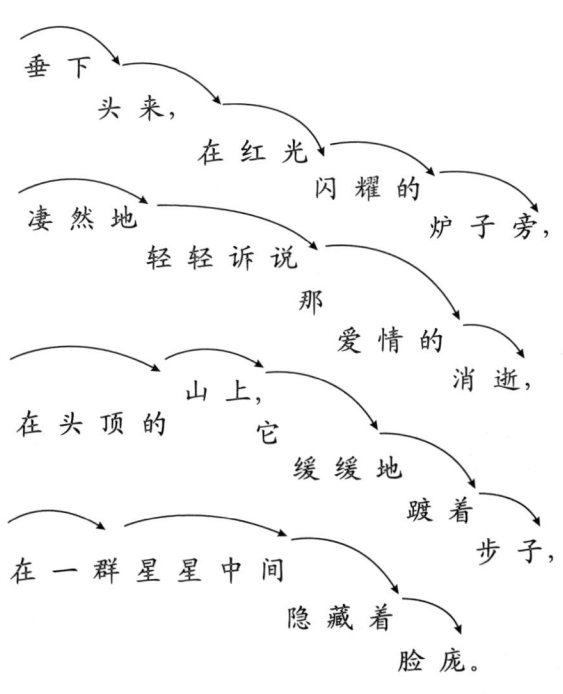

(叶芝《当你老了》)

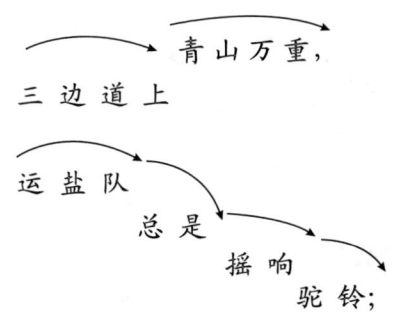

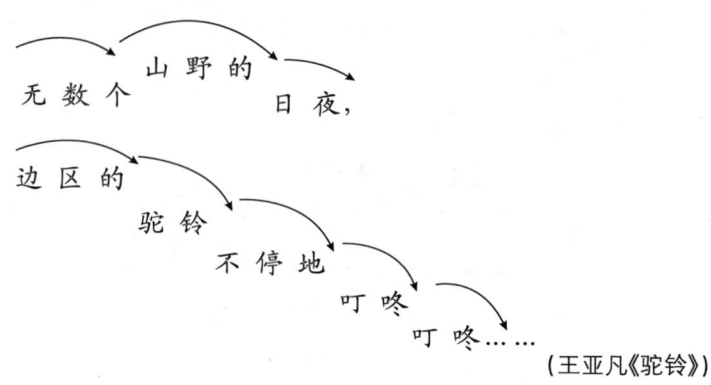

(王亚凡《驼铃》)

五是,半起类:句首较低,句腹上扬到一半便悬置在中途,似言未尽,似求应答。

如:

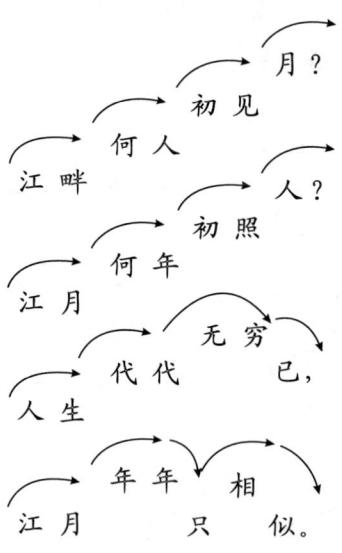

(张若虚《春江花月夜》)

(赵嘏《江楼感旧》)

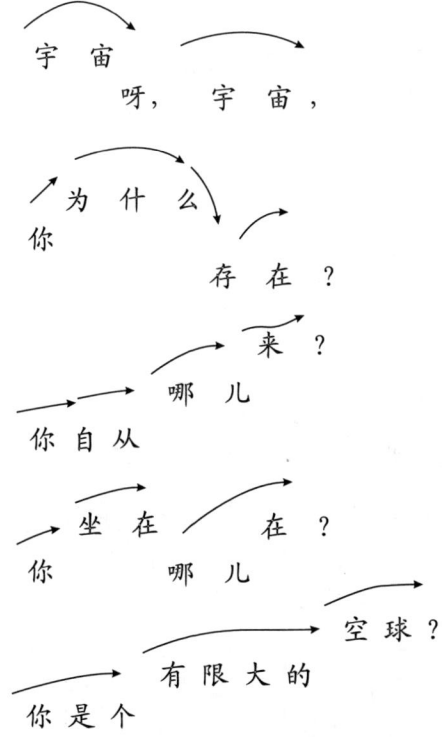

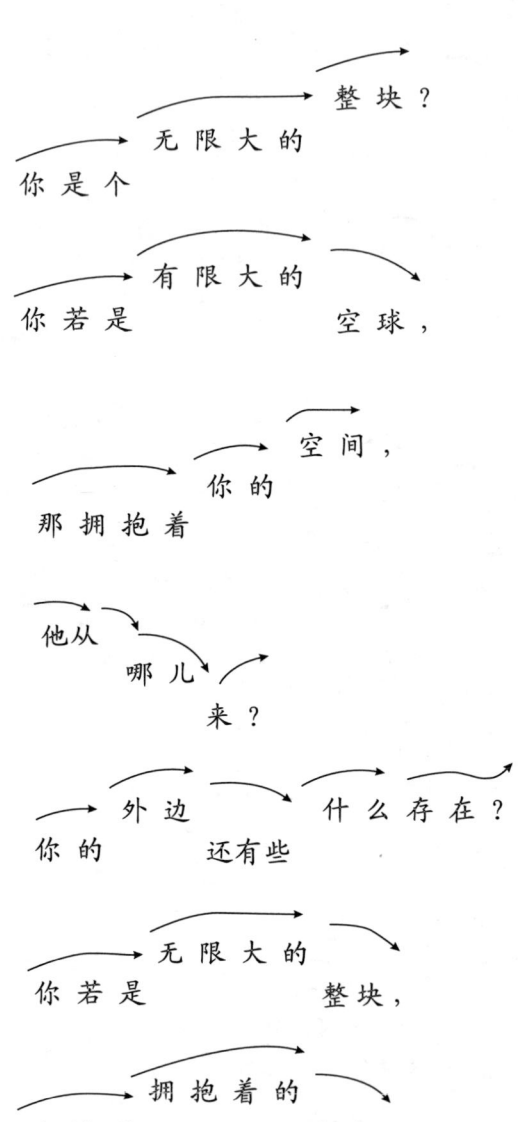

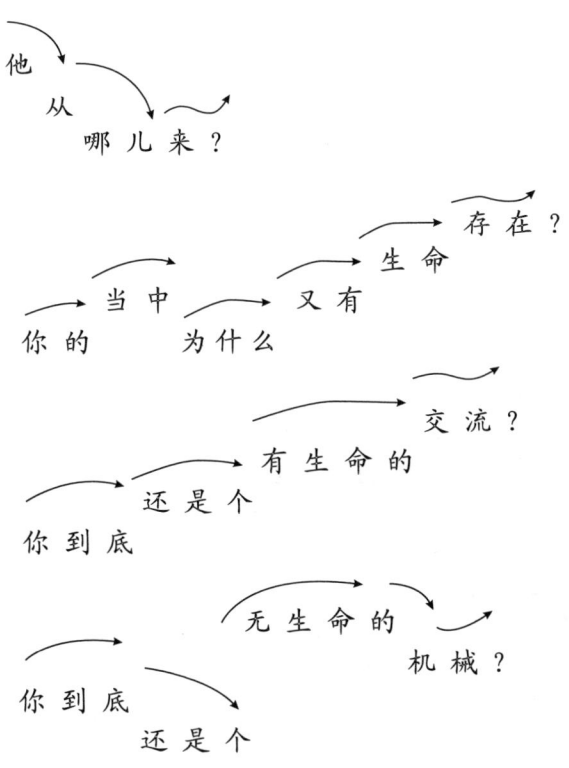

(郭沫若《凤凰涅槃》)

六是,突变类:在朗诵中,为了强调和突出某个词语,往往在上面所举五类语势中,打破常规走向,突然高扬或突然转向,使表达陡然变化,以产生强烈的听觉效果。虽然这变化在预料之外,却仍在情理之中,不可毫无依据地去运用这类语势。

如：

……

坚韧的 → 深邃的 → 思想，
意志，

虽在 → 含辛茹苦的 → 时刻

也能 → 望见 →
丰厚的报偿；

只要敢 → 抗争， → 攻无不克，
就

死亡会 → 胜利的 → 凯歌！
变成

(拜伦《普罗米修斯》)

胡 未 灭， 鬓 先 秋， 泪 空 流。

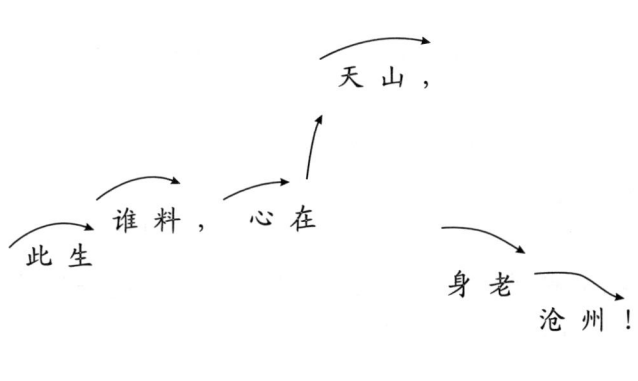

（陆游《诉衷情》）

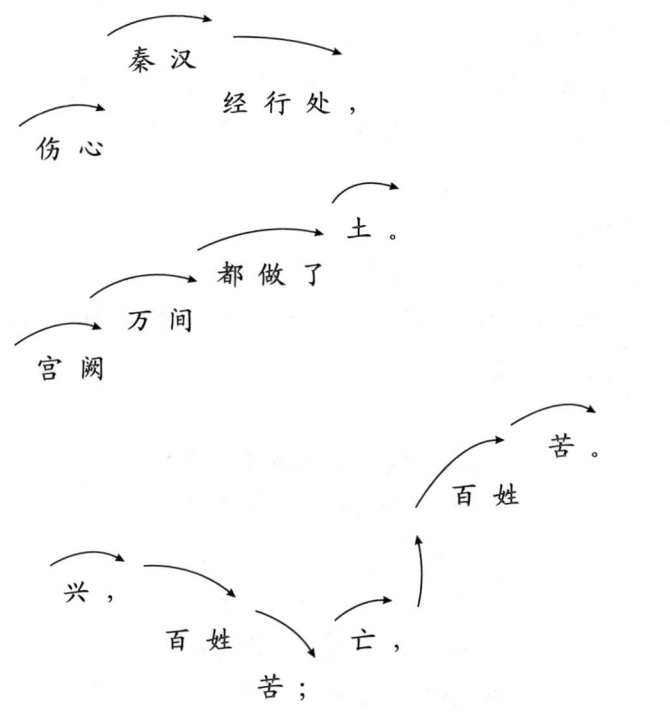

（张养浩《[中吕]山坡羊·潼关怀古》）

下面的训练,由练习者自己去体会和驾驭六类语势的具体走向,要注意:

一是,情动于衷而声形于外,不要忘掉理解和感受,不要只考虑语气的声音变化。

二是,语无定势,每一诗行、诗句,均有其特定的语势,虽说走向的六类比较典型,可成为范式,但具体到各种诗情、诗意,会有多种变化,不可破坏原诗而硬性定势。

三是,语势的上下行进,不过是高低变化,还要考虑其他要求,如疏密度、刚柔度,明暗度等。但一定要以其走向为主,以免舍弃重点训练而心有旁骛。

四是,语势的发展,基本上是波浪式,而每一行进又都带有曲折性,几乎没有一个音节同另一个音节都在同一平面上。这些以后还要细讲,在此,先提醒一下,以免朗诵者失去语言流动的自然和顺畅。

五是,尽量避免固定腔调或模仿"朗诵调"。

六是,语势的确定是在不断修改、校正的过程中逐步明确的,不要削足适履。

1.《诗经》《伐檀》(第一章)

坎坎伐檀兮,置之河之干兮,
河水清且涟猗。
不稼不穑,胡取禾三百廛兮?
不狩不猎,胡瞻尔庭有县貆兮?
彼君子兮,不素餐兮!

2. 刘桢《赠从弟》

亭亭山上松，瑟瑟谷中风。
风声一何盛，松枝一何劲。
冰霜正惨凄，终岁常端正。
岂不罹凝寒？松柏有本性。

3. 王湾《次北固山下》（次：停宿）

客路青山外，行舟绿水前。
潮平两岸阔，风正一帆悬。
海日生残夜，江春入旧年。
乡书何处达？归雁洛阳边。

4. 李白《宣州谢朓楼饯别校书叔云》

弃我去者,昨日之日不可留；
乱我心者,今日之日多烦忧。
长风万里送秋雁,对此可以酣高楼。
蓬莱文章建安骨,中间小谢又清发。
俱怀逸兴壮思飞,欲上青天揽明月。
抽刀断水水更流,举杯消愁愁更愁。
人生在世不称意,明朝散发弄扁舟。

5. 韦应物《滁州西涧》

独怜幽草涧边生,上有黄鹂深树鸣。
春潮带雨晚来急,野渡无人舟自横。

6. 杜牧《寄扬州韩绰判官》

青山隐隐水迢迢,秋尽江南草未凋。
二十四桥明月夜,玉人何处教吹箫。

7. 晏殊《浣溪沙》

一曲新词酒一杯,去年天气旧亭台。夕阳西下几时回?
无可奈何花落去,似曾相识燕归来。小园香径独徘徊。

8. 欧阳修《生查子·元夕》

去年元夜时,花市灯如昼。月上柳梢头,人约黄昏后。
今年元夜时,月与灯依旧。不见去年人,泪湿春衫袖。

9. 苏轼《饮湖上初晴后雨·其二》

水光潋滟晴方好,山色空蒙雨亦奇。
欲把西湖比西子,淡妆浓抹总相宜。

10. 贺铸《青玉案》

凌波不过横塘路,但目送、芳尘去。锦瑟年华谁与度?月桥花院,琐窗朱户,只有春知处。

飞云冉冉蘅皋暮,彩笔新题断肠句。若问闲情都几许?一川烟草,满城风絮,梅子黄时雨。(蘅皋:长满香草的水边高地)

11. 杨万里《晓出净慈寺送林子方》

毕竟西湖六月中,风光不与四时同。
接天莲叶无穷碧,映日荷花别样红。

12. 萨都剌《上京即事·其三》

牛羊散漫落日下,野草生香乳酪甜。
卷地朔风沙似雪,家家行帐下毡帘。

13. 丘逢甲《元夕无月·其二》

三年此夕月无光,明月多应在故乡。
欲向海天寻月去,五更飞梦渡鲲洋。
(鲲洋:代指台湾海峡)

14. 徐志摩《沪杭车中》

匆匆匆!催催催!
一卷烟,一片山,几点云影,
一道水,一条桥,一支橹声,
一林松,一丝竹,红叶纷纷:

艳色的田野,艳色的秋景,
梦境似的分明,模糊,消隐——
催催催!是车轮还是光阴?
催老了秋容,催老了人生!

15. 冰心《春水·一七四》

青年人,
　　珍重的描写罢,
　　时间正翻着书页,
　　请你着笔。

16. 戴望舒《元日祝福》

新的年岁带给我们新的希望。
祝福！我们的土地，
血染的土地，焦裂的土地，
更坚强的生命将从而滋长。

新的年岁带给我们新的力量。
祝福！我们的人民，
坚苦的人民，英勇的人民，
苦难会带来自由解放。

17. 卞之琳《断章》

你站在桥上看风景，
看风景的人在楼上看你；
明月装饰了你的窗子，
你装饰了别人的梦。

18. 海涅《赞歌》

我是剑，我是火焰。

我曾在黑暗中照耀着你们，当战斗开始时，我冲锋在前，战斗在前列。

我的四周躺着战友们的尸体，可是我们已经获胜。我们已经获胜，可是我的四周躺着战友们的尸体。在欢呼的凯歌声中奏着送葬的挽歌。可是我们没有时间欢乐和悲悼。军号又在吹奏，就要开始新的战斗——

我是剑，我是火焰。

19. 普希金《寄西伯利亚》

在西伯利亚的矿坑深处,
请把高傲的忍耐置于心中:
你们辛酸的工作不白受苦,
崇高理想的追求不会落空。

灾难的忠实姊妹——希望
在幽暗的地下鼓舞人心,
她将把勇气和欢乐激扬:
渴盼的日子就要降临。

爱情和友谊将会穿过
幽暗的铁门,向你们传送,
一如我的自由的高歌,
传到了你们苦役的洞中。

沉重的枷锁将被打掉,
牢狱会崩塌——而在门口,
自由将欢欣地把你们拥抱,
弟兄们把利剑交到你们手。

20. 叶芝《当你老了》

当你老了,头白了,睡思昏沉,
炉火旁打盹,请取下这部诗歌,
慢慢读,回想你过去眼神的柔和,

回想它们昔日浓重的阴影；

多少人爱你青春欢畅的时光，
爱慕你的美丽，假意或真心，
只有一个人爱你那朝圣者的灵魂，
爱你衰老了的脸上痛苦的皱纹；

垂下头来，在红光闪耀的炉子旁，
凄然地轻轻诉说那爱情的消逝，
在头顶的山上它缓缓地踱着步子，
在一群星星中间隐藏着脸庞。

➡ 知识梳理

语气，语句的一定思想感情支配下的一定声音形式。

语气的训练，先要把握语势，即语句行进的趋向和态势，一般分为五类，朗诵诗歌还要加一类，共六类。

一是，波峰类：不管如何起句和收句，句腹主要在高处或达到较高处，如波浪之峰。

二是，波谷类：句腹下降，如两个浪头之间的低谷。

三是，上山类：由句首经句腹至句尾，一层高过一层，或总的趋向是上升。

四是，下山类：句首高起，句腹走势下行，句尾较低，但并不一定达到最低点。

五是，半起类：句首较低，句腹上扬到一半便悬置在中途，似言未尽，似求应答。

六是，突变类：为了强调和突出某个词语，打破常规走向，突然高扬或突然转向，使表达陡然变化，以产生强烈的听觉效果。

肆

诗歌朗诵的语势连接

语势的连接，各句的句首避免同一起点，句腹避免同一波形，句尾避免同一落点。

- 肆 诗歌朗诵的语势连接
  - 语势连接的定义 —— 语势的连接，即"这一句"如何过渡到下一句，又如何同上一句衔接。
  - 语势连接的基本方法 —— 在语句系列中，各句的句首避免同一起点，句腹避免同一波形，句尾避免同一落点。

肆 诗歌朗诵
的语势连接

在训练过程中,我们会发现一个问题:任何一首诗都是由一行一行诗句组成的,有时,半句在上一行,半句在下一行,有时又是几行组成一个句子。那么,每一行诗都同上一行和下一行有着相当紧密的联系,或是叙事上的,或是抒情上的,或是形象感受上的,或是逻辑感受上的。那么,我们常常遇到的"另起一行",怎么起法呢?同上一行和下一行在具体表达时怎么加以区别、显出差异呢?

这就涉及语势的连接,即"这一句"如何过渡到下一句,又如何同上一句衔接。为了具体地表达思想感情,为了促使语句与语句在衔接、过渡时发生变化,为了推进语流的行进,也为了吸引和感染听者,我们必须采取措施,想出办法。这办法就是:在语句系列中,各句的句首避免同一起点,句腹避免同一波形,句尾避免同一落点。

我们先举一例:
入春才七日,离家已二年。
人归落雁后,思发在花前。

(薛道衡《人日思归》)

这首诗短小精悍,表达了作者思归的深情。人日,即阴历正月初七。刚刚过了春节,经旧岁至新春,离家南下竟似两个年头了。自己归家肯定是落在了重返北方的大雁之后,而思归之情却生发在春花吐蕾、春柳吐丝之前。

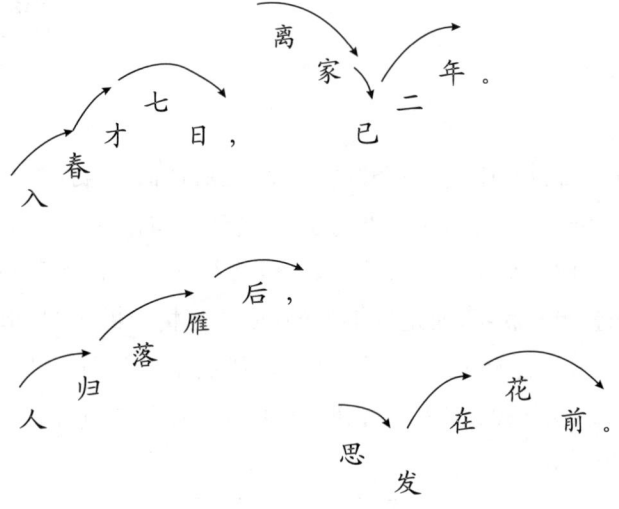

再看一例:
飒飒西风满院栽,蕊寒香冷蝶难来。
他年我若为青帝,报与桃花一处开。

(黄巢《题菊花》)

这首诗先是为菊花备遭凌虐深表不平,然后表达了改变菊花命运的决心,用比兴和象征的手法,建构了傲骨相映、反抗不公的豪放风格。

("我"字要延长,"一"字要有势不可挡的气魄。)

试比较两首《长相思》：

白居易：

汴水流,泗水流,流到瓜州古渡头。吴山点点愁。思悠悠,恨悠悠,恨到归时方始休,月明人倚楼。

纳兰性德：

山一程,水一程,身向榆关那畔行。夜深千帐灯。风一更,雪一更,聒碎乡心梦不成,故园无此声。

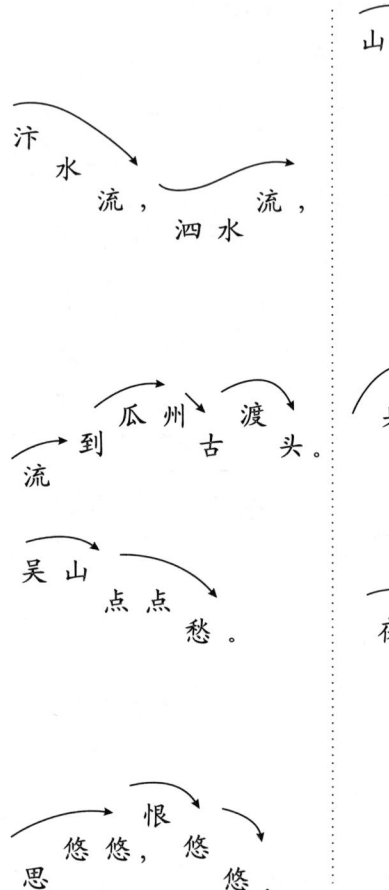

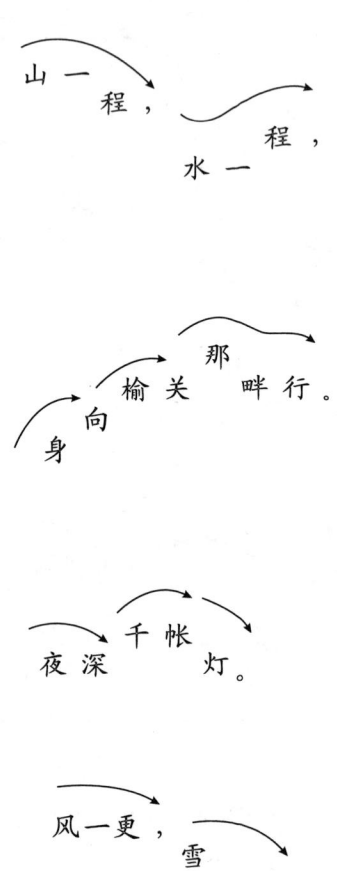

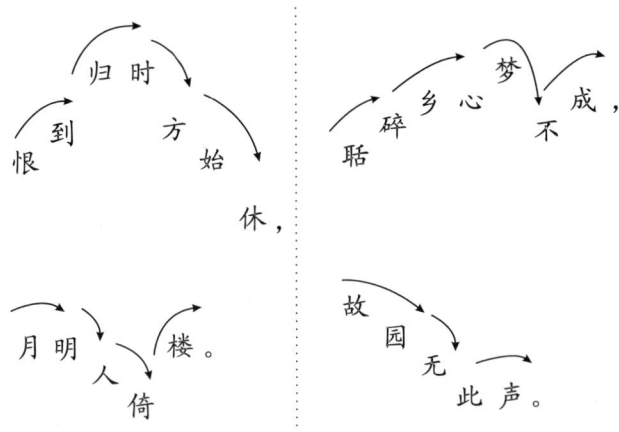

下面几首诗,我们从诗句的句首、句腹、句尾的起点、波形和落点上体会和把握其差别,可以划出趋向和态势,也可以从声音到高低起伏上辨别它们的变化。尤其要注意起点和落点,切忌发生同一现象。

如:

  好雨知时节,当春乃发生。
  随风潜入夜,润物细无声。
  野径云俱黑,江船火独明。
  晓看红湿处,花重锦官城。

(杜甫《春夜喜雨》)

  独怜幽草涧边生,上有黄鹂深树鸣。
  春潮带雨晚来急,野渡无人舟自横。

(韦应物《滁州西涧》)

千山鸟飞绝,万径人踪灭。
孤舟蓑笠翁,独钓寒江雪。

(柳宗元《江雪》)

纤云弄巧,飞星传恨,银汉迢迢暗度。金风玉露一相逢,便胜却人间无数。柔情似水,佳期如梦,忍顾鹊桥归路,两情若是久长时,又岂在朝朝暮暮。

(秦观《鹊桥仙》)

麻绳是知己,扁担是相识,一年三百六十回,不曾闲一日。担头上讨了些儿利,酒房中买了一场醉,肩头上去了几层皮,常少柴没米。

(陈铎《[南吕]醉太平·挑担》)

总得叫大车装个够,
它横竖不说一句话,
背上的压力往肉里扣,
它把头沉重地垂下!
这刻不知道下刻的命,
它有泪只往心里咽,
眼里飘来一道鞭影,
它抬起头望望前面。

(臧克家《老马》)

豪迈的狄奥墨得斯,你何必问我的家世?
正如树叶荣枯,人类的世代也如此。

秋风将枯叶撒落一地,春天来到,
林中又会滋发许多新的绿叶。
人类也是如此,一代出生一代凋谢。
(狄奥墨得斯:希腊联军将领)

(荷马《伊利昂记》第六卷146～149行)

多少次我看见,在明媚灿烂的早晨,
庄严的太阳用目光抚爱着山冈,
他金光满面,亲吻着片片绿茵,
灰暗的溪水也照得金碧辉煌;
忽然,他让低贱的乌云连同
丑恶的云影驰上他神圣的容颜,
使世人寂寞,看不见他的面孔,
同时他偷偷地西沉,带着污点。
同样,我的太阳在一天清晨,
把万丈光芒射到我额角上来;
可是唉!他只属于我片刻光阴,
上空的乌云早把他和我隔开。
对于他,我的爱丝毫不因此冷淡:
天上的太阳会暗,世上的,怎能免。

(莎士比亚《十四行诗第三十三首》)

➡ 知识梳理

语势的连接,即"这一句"如何过渡到下一句,又如何同上一句衔接。在语句系列中,各句的句首避免同一起点,句腹避免同一波形,句尾避免同一落点。

伍

五言绝句律诗的朗诵

不应因其文字形式相同,就千篇一律地在声音形式上造成雷同。要运用朗诵的技巧,既使朗诵符合内容的需要,又从声韵、格律的角度给以准确的驾驭。

伍 五言绝句律诗的朗诵

基本要求

我们必须紧紧抓住每首诗的精神实质，才能凸现其个性，展现文字形式（或视觉形式）相同的基础上那声音形式（或听觉形式）上的区别。也就是说，不应因其文字形式相同，就千篇一律地在声音形式上造成雷同。

朗诵技巧

韵脚：一般来说，韵脚应得到足够的表现，不应淹没在诗行之中，让人听不出来，但韵脚有很多时候并不是重点所在，那就要在不干扰突出重点的前提下，加以显示，或稍稍加重，或给以延长，使诗的节奏感由于韵脚的回环往复得到强化。

节拍：诗还讲究节拍，朗诵时要认识到节拍在听觉上造成的疏密、长短的音乐美，次要的词语可密些、短些，重要的词语可疏些、长些，使其随着抑扬的变化，显出疏密、长短的差异，从而给人以"循规蹈矩而不刻板生硬，起伏变化又不失工整"的印象。

伍 五言绝句律诗的朗诵

至此,我们可以进入综合训练了。

我们必须先从格律诗开始。

格律诗的训练,主要是绝句和律诗,即五言绝句、五律、七言绝句、七律。

格律诗,每行字数相同,平仄相间,双句押韵,虽有不同的叙事、描写、抒情、议论和起承转合以及结构、主旨,但其形式上的要求与表达上的处理具有明显的共性。但是,我们必须紧紧抓住每首诗的精神实质,才能凸现其个性,展现文字形式(或视觉形式)相同的基础上那声音形式(或听觉形式)上的区别。也就是说,不应因其文字形式相同,就千篇一律地在声音形式上造成雷同。这一点在朗诵训练中是十分重要的锁钥。

因此,我们说绝句和律诗是朗诵中最不容易打破文字形式束缚的一类体裁。而如此规矩和工整的形式,又是最能体现诗的本体格局的范式,其前的形式在向此过渡、调整,其后的形式又由此而延续、演绎,所以我们认为这是最基本、最正宗的一类体裁。而唐诗确是诗歌史上的一座艺术高峰。

绝句和律诗自有其严格的要求,但也有许多变通。虽有多种必须力求避免的病状，如所谓"八病"：平头（五言诗中，出句和对句的首二字都是平声）、上尾（出句和对句的最后一个字都是上声）、蜂腰（出句和对句的第三个字都是去声）、鹤膝（出句和对句的第四个字都是入声）、大韵（九个字以内有与韵脚字同韵的字）、小韵（五个字以内有与韵脚字同韵的字）、旁纽（同句中有同声母字）、正纽（一句中有同音字）。但只有上尾、鹤膝是大病，其余还可以通融。总的要求就是分四声，去八病。

如果从五言、七言来看，又必须考虑到诗句中的顿挫。朗诵中，尤其不能因声害意。只顾及一般顿挫规矩是会削弱诗意的明晰、诗情的贯通的。要运用朗诵的技巧，既使朗诵符合内容的需要，又从声韵、格律的角度给以准确的驾驭。朗诵者应在朗诵中细心处理这一点，万不可顾此失彼，或厚此薄彼。朗诵不同于阅读，由此也可以得到启示。

一般来说，韵脚应得到足够的表现，不应淹没在诗行之中，让人听不出来，但韵脚有很多时候并不是重点所在，那就要在不干扰突出重点的前提下，加以显示，或稍稍加重，或给以延长，使诗的节奏感由于韵脚的回环往复得到强化。

诗还讲究节拍，朗诵时要认识到节拍在听觉上造成的疏密、长短的音乐美，次要的词语可密些、短些，重要的词语可疏些、长些，使其随着抑扬的变化，显出疏密、长短的差异，从而给人以"循规蹈矩而不刻板生硬，起伏变化又不失工整"的印象。

为了显露和说明"抑扬顿挫、轻重缓急"的声音态势和趋向，我们还是要采取"示意图形"的办法，把声音状况转为视觉图文，虽然模糊，虽然不是只此一种表达，但总可以有所参照，免去文字解说上的诸多不便。

1. 孟浩然《春晓》

这首诗表达了作者对春天的欣喜之情,同时"风雨"与"花落",也有某种人生的感悟。清新自然之中,流露着留春、惜春的淡淡的叹惋。

"不觉晓""处处""风雨声""多少"基本上突出了诗人的内心感受,轻快型节奏。最后一句,是深沉型渗入句,自问自答,不是疑问,应是感叹。

注:以下诗歌中的△号,为朗诵时着重强调的字词。

春眠——不觉晓→,处处——闻啼鸟→。
　　　△△△　　　　　　　

夜来——风雨声→,花落→知→多→少→?
　　　△△△　　　　　△　△

【注意】

①春眠:应是坦然舒适的感受,平起,"眠"字比"春"字稍强,

稍长。

②不觉晓：有朦胧感，不知不觉天就亮起来了。由睡而醒的轻松自如，语速较快，稍扬。

③处处：四周的树上、空中传来鸟鸣，欢快而清脆。高起，较长，较强，第二个"处"字稍减。

④闻：耳不暇听的感受，不应只沿"处处"下滑，而要开始上行，以接推"啼"字。

⑤啼鸟："啼"字顺阳平声调扬起，鸟鸣声高而扩展，然后下降为上声的"鸟"字，作为明确的指称，且显示忽左忽右地飞，快收，顿住。

⑥夜来：回忆，沉缓，"来"稍长。

⑦风雨声：风声高平，雨声下降，"声"字托住，余音仍在。

⑧花落："花"中度平起，接去声"落"，下行，有惋惜之情，又无可奈何。

⑨知多少："知"字平起，隐含"不知"。"多少"，感慨，再抑，"少"字长而不扬。

2. 王之涣《登鹳雀楼》

鹳雀楼，又名鹳鹊楼，在山西永济市西南，位处黄河中高阜，高三层，风光无限。这首诗表达了作者观赏壮美的景色时，那种广阔的胸襟和登高望远的哲理感悟。由于气势大、格调高，视野宽、感受强，朗诵时要着力体味浓烈的诗情和悠远的画意。

这首诗前两句对仗工整，但毫不着痕迹，用字精炼，又毫不显晦涩。朗朗上口，通俗流畅。后两句因景而生，有境可依，顺理成章，生发真切。舒缓型节奏，最后一句为高亢型渗入句。

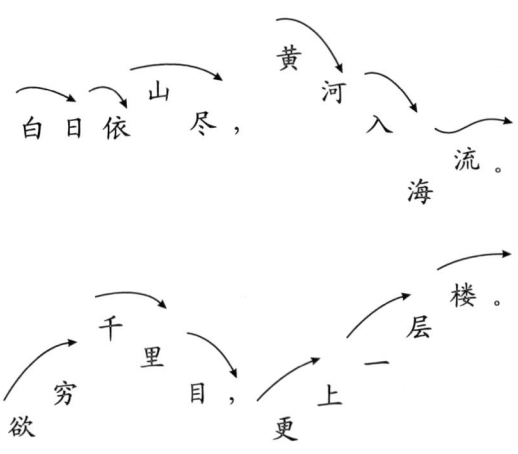

白日→依→山尽→,黄河→入→海流→。
△ △   △   △△   △
欲穷→千里目→,更上→一层楼→。
   △△   △△

【注意】

①白日：向西看，日将落，余晖耀目，但因近黄昏，"日"字去声稍长，有下行态势。此二字要明亮，出口点染西天的光亮，稍有喷口。

②依山尽：中条山脉山势高，"依"字不要下滑，平声稍长，渐弱。"山"字稍高。"尽"字轻落，缓收。

③黄河：向东看，水势汹涌，奔腾而下，两个平声字，"黄"字更强，"河"字稍扬而长。

④入海流："入"字沿去声下行，有一泻千里之感，由强渐弱，与"海"字上声衔接。"海"字因是虚景，不应太实。"流"字要长，要渐强，表现滚滚而去、直奔大海的气势。

⑤欲穷:是一种心理愿望,声音轻而渐强,沿"穷"字阳平上行。

⑥千里目:更为广远宽阔的向往。"千"字沿阴平声延长,稍渐扬起,渐强。"里"字带过,不要太实。"目"字要着力,但不必完全随去声下降,至中途停住,收尾时反稍带上行趋向,以托住本句,并为突出下句做好准备。

⑦更上:身在楼中,还要再上一层。"更"字较高、较强,扬起,"上"字去声不下行,而有上行的态势。

⑧一层楼:顺势逐步上扬,似拾级而上,最高层,以表现深刻哲理的现实性、普适性。

3. 刘长卿《逢雪宿芙蓉山主人》

这首诗写的是一个行路人赶路和投宿的情景,表现了一种淡雅、清冷的意境,也流露出为生计奔波的人生况味。

诗意在凝练的词句中蕴藉幽远,以点带面,为读者留下空阔的想象空间,由"日暮"到"夜",时空延展,声色变换,造成了世道艰难的氛围,给人一种沉重、一缕悲凉。本诗为低沉型节奏。"柴门闻犬吠"为紧张型渗入句。

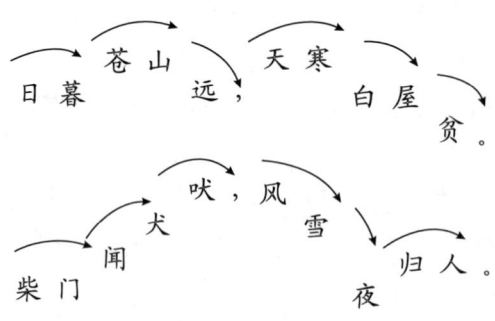

日暮→苍山→远→,天寒→白屋贫⟶。
　△　　△　　△　　　　　△
柴门→闻犬吠⟶,风雪⟶夜→归人→。
　△　　△　　　　△

【注意】

①日暮:天色将黑,仍在路上,心情不安。两个字紧接,快收,不要延长。

②苍山远:山色苍茫,让人更觉路途遥远,心情更加急切。"苍山"沿阴平高行,马上接"远"字,上声不宜长,点到为是,稍降即收。

③天寒:高行即降,突出"寒"字,亮色要少。

④白屋贫:"白"原为入声字,要短促,"屋"字平行,到"贫"字稍扬,不必着力强调,因"白屋"和下句的"柴门",都说明屋主人并不富裕。但"贫"字出口时,要有同情的感受,轻而稍长。

⑤柴门:"柴"字比"门"字稍重,加强贫寒的意味。

⑥闻犬吠:"闻"字不同于"处处闻啼鸟"中的闻字,不必表明"听"的意思,即不强调主体的认知,因为四周寂静。"犬吠"要稍强,突出"吠"字,去声高起,半降而收,"吠"只用于形容犬的叫声,"犬"字带过。此句要紧凑。为下句做铺垫。

⑦风雪:要加以渲染,风大雪大,用声要重些,长些。要拉开,荡起。

⑧夜归人:"夜"字要深沉。"归"字要慢出字,立即接"人"字。"人"字要稳出、稍扬,稍长,收束感中不可飘忽,不可咬死。

4. 王维《相思》

这首诗借咏红豆,抒发了对朋友的眷恋之情,清新热烈,通俗真切。

红豆又为相思子,南国即江南,为产红豆的地区。春天,相思树开花,秋天才结实。春天充满生机与活力,人们易起相思之情。本诗表达了对友情的珍惜,也希望友人同样永记不忘,为舒缓型节奏。

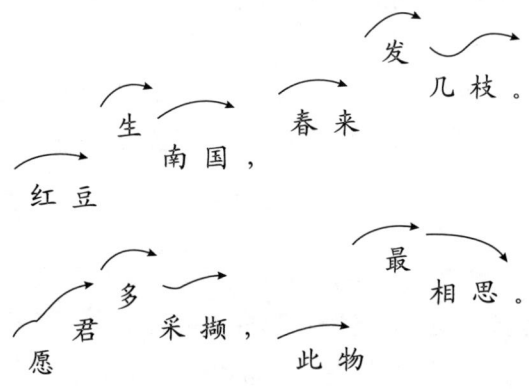

红豆→生南国→,春来→发→几枝→。
　△△　　　　　　　　　△
愿君→多→采撷→,此物→最→相思→。
　　　△　　　　　　　△

【注意】

①红豆:出口稍强、稍高,"豆"字高起不下行,有一种珍爱的感受,觉出玲珑剔透、晶莹光滑。

②生南国:"生"字稍升,阴平接阳平"南"字。"国"字紧跟"南"字,稍扬,表现友人在此,向往之地。

③春来:经冬历春,似春绿江南,生机盎然。"春"字平出,"来"字沿阳平上行。

④发几枝:抽条染绿、蓬勃亮丽。"发"字由弱到强,稍长,高

行。"几"字下行,接"枝"字,显出茁壮可爱,秋实在望。

⑤愿君:热烈的期望。"愿"字稍下即接"君"字。"君"字徐出,情深意挚,稍挫。

⑥多采撷:"多"字凝聚亲切的嘱咐,高行平走,稍重。"采"字上声下行,紧接"撷"字,稍扬。

⑦此物:不要轻带,而要再次特指,声音下降,感情要深,稍顿。

⑧最:突然提高,渐降,点题,似说明而实则抒发热烈的真情。不可用拙力。

⑨相思:阴平相连,重点在"思"字,要延长,渐远渐弱。

5. 李白《独坐敬亭山》

这首诗表达了李白离开长安十年后游安徽宣城敬亭山时怀才不遇的孤寂、饱经世态炎凉后寄情山水的心境。对敬亭山的深爱,对"静"的专注,流露出对横遭冷遇的蔑视和对大自然的向往。本诗为舒缓型节奏,前两句抑,后两句扬,最后一句是重点,而"只"字尤显突出。

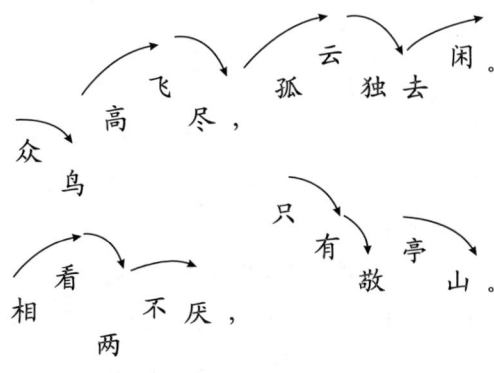

众鸟→高飞→尽——,孤云→独去→闲——。
　　　　　　△
相看→两→不厌——,只有——敬亭→山→。
　　△　　　　　△

【注意】

①众鸟:不但是群飞,而且有鸣叫,这种情况并不令人愉快,轻吐字,不着力。

②高飞尽:都高高飞去,无影无踪。"高"要高起。"飞"要由近及远,紧接"尽"字,感到从视野消失。"尽"由高到低,由强到弱。

③孤云:一片云彩,在天上浮动,显示天空的辽阔,片云的微小。"孤"字要轻出,合口稍小。"云"字要松唇。

④独去闲:强调"独"字,合口着力,声音沿阳平延长,再接"去"字,沿去声下行。"闲"字,稍扬,带有"由他去吧"的意味。

⑤相看:诗人独坐,面对敬亭山,似知己相会,促膝谈心。"相"较长,似两点相连。"看",出口近切,情意绵长,稍高。

⑥两不厌:"两"字要加强上声的"前半上",似"半去",下行,沉稳。"不厌"似毫无疑问,轻带而过。"不厌",不可过重。

⑦只有:"只"字比"两"字还要强调,却是沿上声的"后半上",似低阳平,上行,延长,到较高时,接"有"字,沿"前半上"下行,果断停住,显出极肯定的判断。

⑧敬亭山:因题目中已有,此处不宜过于突出,以表示"自然是它"。"敬"字下挫,"亭"字上升至平行,"山"字较低,但要坚实,稍长,收束全诗,余味正多。

附言:此诗后两句,按逻辑顺序,应为"只有敬亭山,相看两不厌",但如此写,便索然无味,而一颠倒,先出"两不厌",引起对

"两"的悬念,然后以"只有"相应,全诗便情趣盎然。朗诵时,要特别注意"诗序"的调整,以便准确把握。

6. 杜甫《绝句二首·其一》

这首绝句以诗为画,描绘了春天的景色,抒发了作者暂时定居成都草堂的安适心情。亮丽的画面、喜悦的诗情融入词句中,自然流畅。本诗为轻快型节奏,后一句为舒缓型渗入句。

诗中有画,首先要想象画面中的景物、神态、氛围、感受。由此,触景生情,情景交融,切不可有景无情、情空景虚。

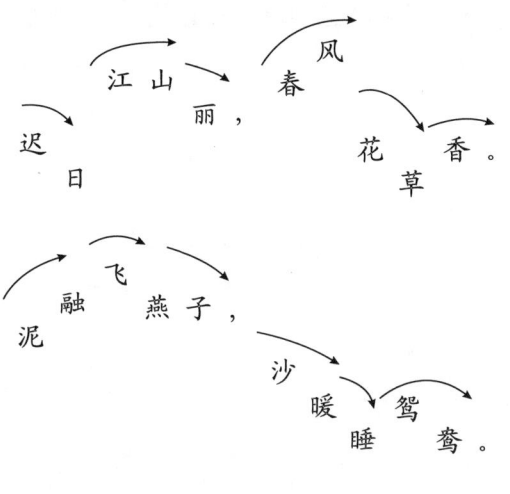

迟日→江山→丽——,春风→花草→香——。
　　　　　　△
泥融→飞→燕子→,沙暖→睡→鸳鸯→。
　△　　　　　　　　△

【注意】

①迟日:即春日,要有春风拂面的舒适感。舌力较松,翘而

不拙。二字相随,不可分割。

②江山:广阔斑斓,"江"字高行,"山"字再稍高、稍长。

③丽:由高而降,始终保持亮色,清新而不轻飘。

④春风:前已有春意,重点在"风"字,由弱渐强,稍扬,稍长,有"遍吹"的感受。

⑤花草香:"花草"二字随春而至,通俗易懂,有"满眼"的感受。关键是"香"字,轻出口,缓归音,似浸入心脾,稍高而较重。

⑥泥融:冰雪化,泥土湿,颗粒在,潮润多,要有松软感。两个阳平字,渐扬但不迟滞。

⑦飞燕子:一个"飞"字,轻盈回旋,往返快捷,稍高稍长,快接"燕子"。"燕"字去声,下至"子"。"子"上声,要全,不可轻声,带有跳跃感。

⑧沙暖:"沙"字低而平,"暖"字降而柔,平实而不着力,有舒适感。

⑨睡:稍高起而下行,似"入睡",轻而稳,犹恐惊动。

⑩鸳鸯:一对伴侣,享受春光。"鸳"字抬起,平行,至"鸯"稍降,平收,带有安全而愉悦的感受。

前两句粗写,后两句细描,相映成趣,令人感到生机勃勃、动静和谐。

7. 裴迪《华子冈》

王维好友裴迪的这首诗,是辋川绝句风格的代表,画意浓重,情趣盎然,表达了山水田园派诗人共同的审美韵味。其中拟人手法和自然淡雅尤为突出,使诗人的主观感受生动鲜活。本诗为舒缓型节奏,有明亮的色彩。

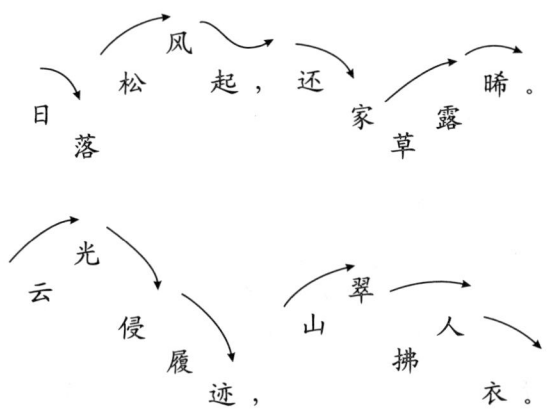

日落→松风→起,还家→草露→晞→。
△　△　　　　△
云光→侵→履迹→,山翠→拂→人衣→。
△　　　　　　△

【注意】

①日落:太阳还在西边,因此,不必着意"落"的过程,"日落"两个去声均不重在声音下行,而是"将落"的感受。"落"字稍降而不延长。

②松风:松林因风而动,风入松林飒飒作响。"松"字平走,声音坚实,接"风"字稍扬,较长。

③起:上声,有由低到高、由弱到强、由近及远的感觉,因此,较长。

④还家:即回家的路上,游兴正浓,但日即落,天将晚,不得不下山。"还"字上行,"家"字下落,平走。

⑤草露晞:足踏干软的草上,正觉山景美好,心情安适。"草露"点到即走。"晞"字要轻缓,渐弱。

⑥云光:一阳一阴,"光"字稍重、稍长,似余晖普照,不应有收束感。

⑦侵:慢慢浸染,逐渐变化,由面到点,由亮而暗。"侵"字稍长,渐弱。

⑧履迹:即诗人的足迹,由上到下,由小到大。"履"字上声,似前半上,下行。"迹"字顺势而下,稍长。

⑨山翠:山色苍茫,松林苍翠,多彩多姿。"山"字平走。"翠"字下行,表现秀色可餐,清新可感。

⑩拂:轻轻掀动,给人以流动感。此字稍扬,唇齿成阻不着力,合口却要稍开。

⑪人衣:"人"字稍起,"衣"字下落,平收,好像"人"高"衣"肥,宽松飘逸。

8. 司空曙《金陵怀古》

作为六朝古都的南京,历来为许多诗人咏唱。不少诗作,以史家眼光对其进行了评介,角度不同,褒贬不一,因此,用典也各有千秋。这首诗表达了诗人的悲凉心境和对历史变迁的感叹。以庾信为典,富有深意。庾信身世多舛,长留北方,历经动乱,思乡心切,其作品《哀江南赋》《伤心赋》很有动情处。以庾信事抒自身情,蕴藉深远而沉重。节奏类型为凝重型。

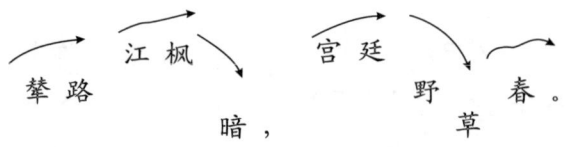

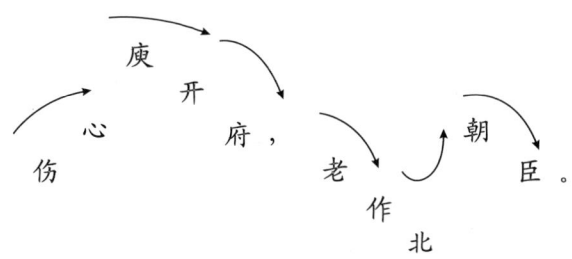

辇路→江枫→暗——,宫廷→野草→春→。
　　　　　　　△
伤心→庚→开府→,老作→北→朝臣——。
△△　　　　　　　　△

【注意】

①辇路:上声(前半上)与去声相连,有过去时的感受,稍短,稍弱。

②江枫暗:枫树高大浓密,却不见帝王车驾八面威风。"江枫"稍扬,稍强。"暗"字沿去声由强而弱,稍长,似天地均无亮色。

③宫廷:比"辇路"稍起,但仍要有"遗留物"的感受,二字稍着力,表示建筑依然宏伟,内中却已空虚。

④野草:"野"字近似阳平,稍提,即下行,"草"字全上,较长,"满地皆是"的感觉。

⑤春:只有草色示春,凄凉中有一丝"春去也"的慨叹。此字平行,较短,稍快收束,表示不多、不长久。

⑥伤心:二字阴平,"心"字稍扬。有渐强、加重之势,饱含同情,感同身受。

⑦庾开府:"庾"字高扬,加重,较长。"开"字缓接。"府"字

全上,下行,较强。

⑧老作:"老"字要适当加强,下行,接去声"作"字。"作"不可轻带。二字要坚实,表示到老、已老之意。

⑨北:上声(前半上,似去声),出口冷峻,表示离乡背井,心总不甘之意,对"北"毫无好感。

⑩朝:上行,位于北方,气有不畅感。

⑪臣:出口稍紧,表恨意,强收。

9. 卢纶《塞下曲六首·其三》

月黑雁飞高,单于夜遁逃。
欲将轻骑逐,大雪满弓刀。

10. 钱珝《江行无题》(百首选一)

咫尺愁风雨,匡庐不可登。
只疑云雾窟,犹有六朝僧。

以上两首,朗诵者自己分析、感受,然后,根据具体要求做练习。

11. 寒山《杳杳寒山道》

这首五律,浅白如话,带有乐府诗风,多用迭字,表达了僧人的幽静、清冷的心境,为低沉型节奏。

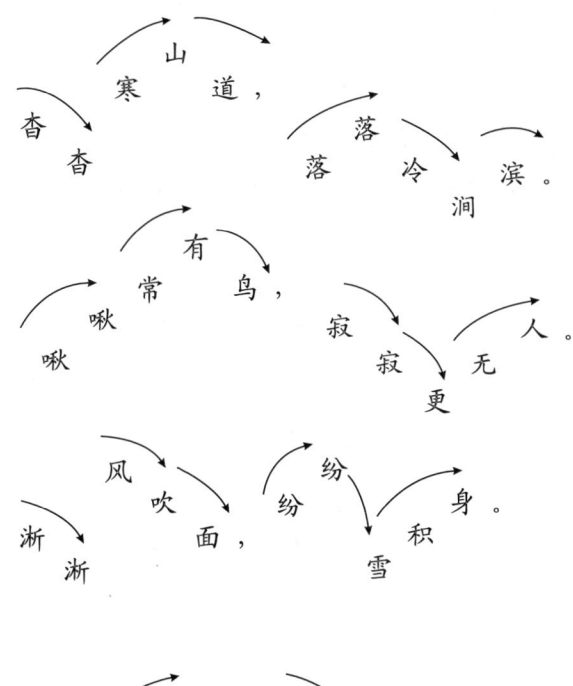

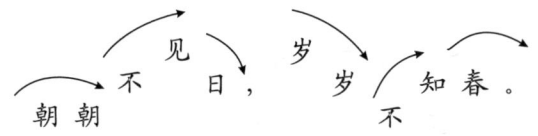

杳杳→寒山→道,落落→冷→涧滨→。
　　△△
啾啾→常→有鸟→,寂寂→更→无→人→。
　　△
淅淅→风吹→面→,纷纷→雪积→身→。
朝朝→不见→日→,岁岁→不知→春→。
　　△△　　　　△

伍　五言绝句律诗的朗诵

12. 王勃《送杜少府之任蜀州》

这首诗是王勃送一位姓杜的朋友从长安到四川去任县尉,一改过去送别诗的酸楚,表达了诗人昂扬奋发的豪迈之情,爽健清新,有积极进取的志向。本诗为舒缓型节奏,第三联为高亢型渗入句。

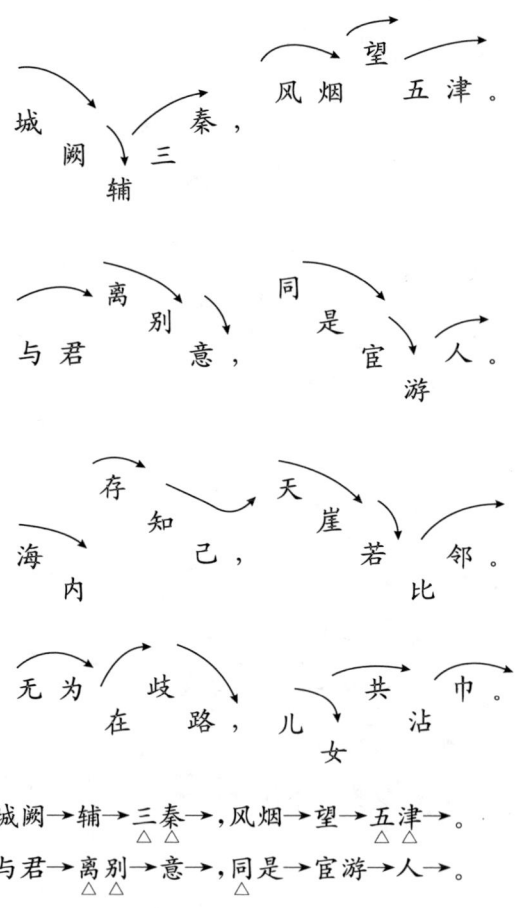

城阙→辅→三秦→,风烟→望→五津→。
　　　△　△　　　　　　△
与君→离别→意,同是→宦游→人→。
　　　△　△　　　△

海内→存→知己→,天涯→若→比邻→。
　　　　△　△　　　　　　△　△
无为→在歧→路→,儿女→共沾→巾→。
　　　△　　△　　　　△　　△

【注意】

①城阙：指长安城，稳起，下行，要有壮丽宏伟的感受，稍有告别的心境。

②辅三秦：有三秦（关中之地，曾被项羽分为雍、塞、翟三个小国）护卫之意。"辅"接"阙"字继续下行，然后稍扬。"三秦"平起再扬，辽阔感。

③风烟：高起，要有遥远迷蒙的感觉，较开、较长。

④望五津："望"字去声稍长、稍高，定向远望，不可低，不可短。"五津"，稍降，"五"为"前半上"，似去声，"津"字稍扬，缓收，带有"远去""茫然"的感受。

⑤与君：较低，较近，似对面交谈，有亲切感。

⑥离别意：扬起，离愁浓烈，缓出口，似不愿说起，但尚未离开。"意"字下行，渐弱。

⑦同是：高强起，再稍降，有同心同德的感受，因即将离别，而更感"知己难求"。

⑧宦游人：因"为宦"而离乡背井，是常事，似乎"心有灵犀"，不必悲伤。"宦游"稍降，"人"字上行。

⑨海内：四海之内，广远而无定所。"海"字上声，似去声，下行。"内"为去声，继续下行。

⑩存知己："存"字高扬，坚信如此，较强。"知"字平行，即接"己"。"己"字全上，下降再上扬，要有"推心置腹""远近皆通"的感受。

⑪天涯:"天"字荡开,稍长。"涯"字稍降,仍稍长,更加辽阔广远。

⑫若比邻:"若"字下行,实在,不可虚飘。"比"字前半上,下行至"此处""身边"的感受中。"邻"字上扬,有豪放感。

⑬无为:不必因为……"无"字扬起,"为"字再扬,有洒脱感。

⑭在歧路:"在"字沿去声下降,声轻,调短。"歧"字稍扬。"路"字再抑。有对歧路的蔑视,"微不足道"之感。

⑮儿女:接上句感受,二字均较短,稍降,有"一般人""小儿女"之意。

⑯共沾巾:"共"轻出,稍长。"沾"稍降,稍强。"巾"字平行,甩开。有"泪湿罗帕"之意,内含"我辈岂可如此"的深意。

13. 张九龄《望月怀远》

这首诗写月夜思念远地的人,感情真挚,思念深切,境界高雅,诗风古朴,在时空变化中见微知著,在万千思绪中视阈宏阔,给人以具体形象的感受,自然畅达的韵味。本诗为低沉型节奏。

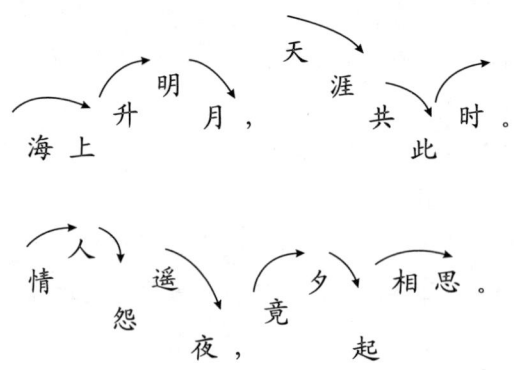

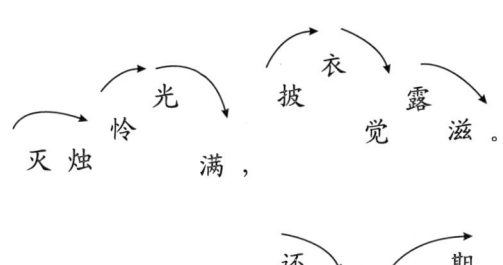

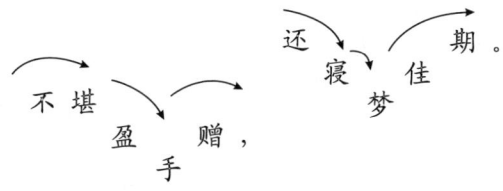

海上→升→明月——,天涯→共→此时——。
　　△
情人→怨遥→夜——,竟夕→起相→思——。
　　　　△
灭烛→怜光→满,披衣→觉露→滋。
　　　　△
不堪→盈手→赠——,还寝→梦佳→期——。
△△　　　　　　　　　△

【注意】

①海上:前半上的"海"字,缓出,接"上"字。"上"下行,海面平阔宽广,一望无垠。

②升明月:"升"字上行,稍长。"明"字高出,"月"字稍降,愈升光愈亮,月愈大愈有普照天下之感。

③天涯:幽深的天空,无边的大地。"天"字上扬,"涯"字下抑;"天"字较强,"涯"字较弱。

④共此时:"共"字下行,笼盖四野,人人共有。"此"字下行,"时"字稍扬。

⑤情人:有情的人,满怀深情的人。出口要缓,稍高,稍扬。

⑥怨遥夜:"怨"字较强,下行。相思之苦,相见之难,不可轻

飘。"遥"字要稍长,表示长夜漫漫。"夜"字下行,较短,收住。

⑦竟夕:通宵不寐,稍高,再扬,引出"怎么样"。

⑧起相思:"起"字前半上,下沉,接"相"字。"相"平行。"思"字稍高,平行,稍长。

⑨灭烛:低起平行,表示吹灭蜡烛的动作,不宜高、强。

⑩怜光满:"怜"字扬起,接"光"字,然后下行。"满"字全上,稍长,犹如"满眼""满屋"。全句要给暗色,不可加亮色,以表示"不希望如此"的心情。

⑪披衣:无奈的样子。"披"字轻缓,"衣"字稍上行,示意披衣的动作。

⑫觉露滋:"觉"字是刚刚感觉到,才觉察到,低头看,湿气发,要下沉,后稍扬,接"露"字,再下行,肯定地出口,"滋"字平收。

⑬不堪:不愿意、不甘心,稍扬,稍长。

⑭盈手赠:满手月光,两手空空,如何相赠?"盈"字阳平,下行。"手"字前半上,仍降。"赠"稍高,去声,有"送去"的感觉,但要低于"不堪"。

⑮还寝:高起,下行,有由站而卧的感觉,为下字铺垫。

⑯梦佳期:"梦"字轻柔,有期待感,下行。"佳"字平出。"期"字稍扬,是一种向往的感觉。

14. 孟浩然《过故人庄》

这首诗描写了一幅农田风景画,抒发了一种恬淡、雅静的亲切感受。静中有动,平和中有热烈,显得十分和谐、自然。本诗为轻快型节奏。

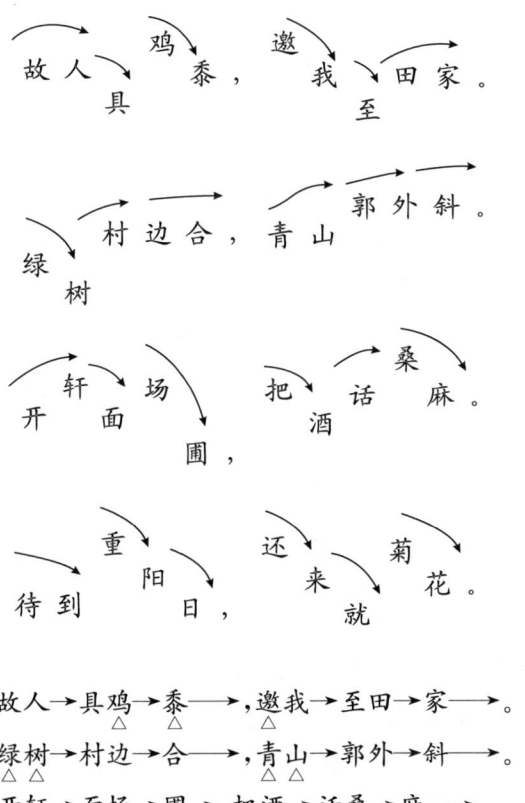

故人→具鸡→黍——,邀我→至田→家——。
　　△　　△　　　　　　△
绿树→村边→合——,青山→郭外→斜——。
△　　　　　　　　　　　　　
开轩→面场→圃→,把酒→话桑→麻——,
　　　　　△　　　　　　△
待到→重阳→日——,还来→就菊→花——。
　　　△　　　　　　△

【注意】

①故人:平出,不做强调,似挚友往来,是快事,是常事。

②具鸡黍:"具"下行,并无特别准备之意。"鸡黍",稍扬再降,平常饭菜而已。

③邀我:高兴,但不亢奋,稍扬。

④至田家:"至"字下行,"田"字上行,"家"字平收。

⑤绿树:"绿"稍降,"树"再抑,表示满目苍翠。

⑥村边合:"村"稍起,接"边"字,轻带。"合"字稍强,稍长。环村皆是,葱茏可爱。

⑦青山:高出,平行,仰望四周,远山近树,心清气爽。

⑧郭外斜:离村较远,山坡斜,山峰出。"郭"字高平,"外"字下行,"斜"字稍扬。

⑨开轩:有推开动作,"开"字稍带喷弹,"轩"字稍上行。

⑩面场圃:"面"下行。"场"字稍扬,表开阔。"圃"下抑,表蔬菜满园。

⑪把酒:"把"近阳平声,带有"提起"的感觉。"酒"下行,带有"倒酒"的情趣。

⑫话桑麻:"话"字稍扬,表示谈话兴味浓,"桑"字再扬,"麻"字稍降,指代农事活动的话题很多,无所不谈,言无不尽。

⑬待到:"待"字稍降,"到"字下行,有转折感。

⑭重阳日:"重"字提起上扬,较强。"阳"字稍降,稍轻。"日"字再降,较短。表示明年这个日子,似约定,语气肯定。

⑮还来:"还"字高出,"来"字下行,表示"再来",此次尚未尽兴,还要再来。

⑯就菊花:"就"字下行,稍长。强化"还来"二字意,有趋就、俯就之感。"菊"字上扬,有"开放"感。"花"字稍降,进一步表达坚决、肯定的语气色彩。

15. 王维《使至塞上》

这首诗是王维被派出塞路上所写,表达作者受朝廷排挤的愤懑心情。景色雄浑开阔，但从中流露出诗人心境的苍茫。本诗为凝重型节奏。

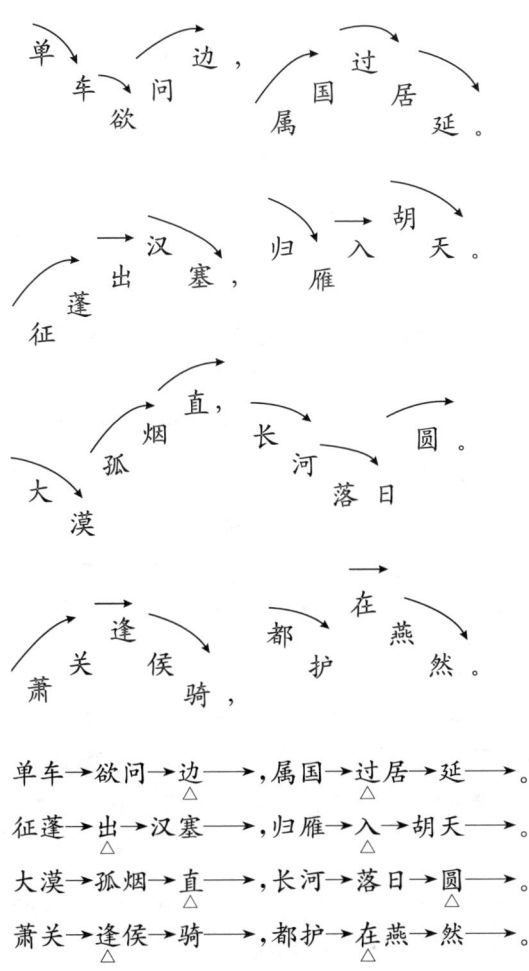

单车→欲问→边——，属国→过居→延——。
　　　　　　△　　　　　　△
征蓬→出→汉塞——，归雁→入→胡天——。
　　　△　　　　　　　　△
大漠→孤烟→直——，长河→落日→圆——。
　　　　　△　　　　　　　　△
萧关→逢侯→骑——，都护→在燕→然——。
　　　　　△　　　　　△

【注意】

①单车：车骑很少，孤独意味。"单"字平出，稍强。"车"字稍降，稍轻。

②欲问边："欲"字仍下行，准备之意，不必强调。"问"字稍扬。"边"字再扬，稍强，点出边塞，营造荒凉氛围。

③属国：古官名，指代使臣，诗人自称。名似任重，实则离朝。"属"字前半上，下行后接"国"字稍扬。

④过居延："过"字高出下行，趱行而至之感。"居延"继续下行，表示边远之地。

⑤征蓬：出塞似漂泊，孤寂无依之感。"征"字低平，"蓬"字稍扬。

⑥出汉塞："出"字稍高，平出，背井离乡之感。"汉"字再扬，稍强，表示爱国之情，"塞"字稍降，再次点出边塞，不必强调。

⑦归雁：北飞之雁。"归"字稍高，"雁"字稍降。

⑧入胡天："入"字稍高，上行。"胡天"较强，有茫然的感受。

⑨大漠：一望无垠，荒原连天。"大"字较强，缓出，下行。"漠"字接着下行，稍长。

⑩孤烟直：烽烟直上云天，冷峻单调，但雄伟峭拔。三字一个比一个高，"直"字刚劲、稍长，有从下到上的升起感受。

⑪长河：黄河横亘，天上来，海里去。"长"字由高起而下行，"河"字再降。

⑫落日圆："落"下行，"日"下行，"圆"字扬起，韵腹拓开，似"字正腔圆"的感觉，点染"圆"字的意境。

⑬萧关：在今宁夏固原市原州区内。"萧"字平出，"关"字稍扬，给人以"边关"的意味。

⑭逢侯骑：遇到侦察骑兵，有期待中的喜悦。"逢"字高扬，较强。"侯骑"下行。

⑮都护：边塞首将，来此宣慰的对象。"都"字稍长，"护"字稍短，下行。

⑯在燕然：仍在前线，"在"字较强，稍高。"燕然"下行，表示还有一段距离，缓收，不可急促。这样，留有余味，正好点出"使至塞上"。

16. 李白《赠孟浩然》

这首诗风格飘逸自然，情深意挚，毫无拘谨之痕，表达了诗人对孟浩然的品德和性格，对孟浩然的风流和高洁，无限的感佩与敬重，为舒缓型节奏。

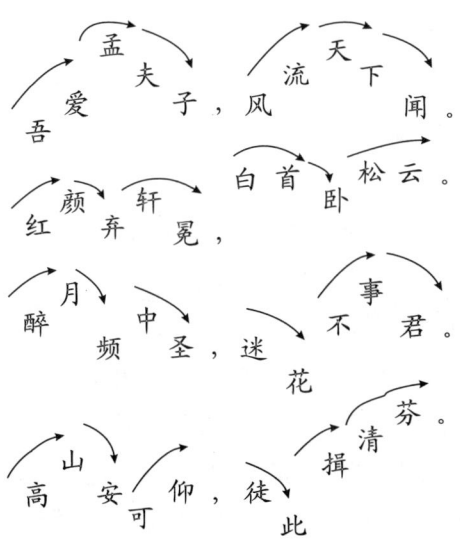

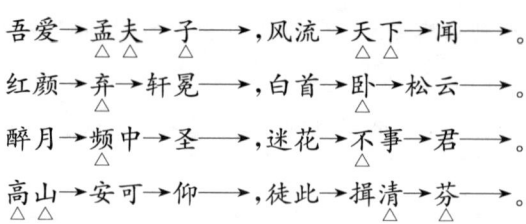

吾爱→孟夫→子——，风流→天下→闻——。
红颜→弃→轩冕——，白首→卧→松云——。
醉月→频中→圣——，迷花→不事→君——。
高山→安可→仰——，徒此→揖清→芬——。

【注意】

①吾爱：深情地、敬佩地出口。"吾"字稍松，稍扬。"爱"字稍重，稍高，不降下去。

②孟夫子："孟"字高起，稍强、稍长。"夫子"二字顺势而下，"子"字全上声，缓收。

③风流：肯定地、钦羡地出口。"风"字平走，接"流"字上扬，强化后半上。

④天下闻：无人不晓。"天"字高行，稍长，接"下"字下行，"闻"字稍抑。

⑤红颜：年轻之谓，有朝气。"红"字稍起，"颜"字稍扬，二字均不重。

⑥弃轩冕：放弃仕途。"弃"字要有景慕的感受，稍重，稍长。"轩"平走。"冕"字沿前半上行，不可上扬。

⑦白首：老年之谓，无所求。"白"字上扬，"首"字稍抑。

⑧卧松云：清心寡欲，飘逸潇洒。"卧"字极闲适，轻出口，缓下行。"松"字稍高，托住。"云"字再扬，由强渐弱。

⑨醉月：月下吃酒。"醉"字稍降。"月"字稍扬，稍长。

⑩频中圣：一杯接一杯喝清酒，一醉方休。"频"字降下，"中"字稍扬，"圣"字再抑。

⑪迷花:留恋花草。"迷"字低起,"花"字再降,似观赏,似抚摸。

⑫不事君:"不"字扬起,阳平,稍重,稍长。"事"字再扬,"君"字下行。表庙堂之上、君王身边,从不向往。

⑬高山:不但像山一样高,而且像山一样巍峨。"高"字稍扬,"山"字再扬,且较重,较长。

⑭安可仰:"安"字下抑,"可"字再降,"仰"字稍升,表示"不能够"之意,敬仰之极。

⑮徒此:"徒"字下行,"此"字再抑。

⑯揖清芬:"揖"字上行,有动作感。"清"字再扬,"芬"字更扬,稍重、稍长,似沁人心脾。

17. 戎昱《咏史》

这首诗讽刺了朝廷实施屈辱条件下的和亲政策,激愤痛切,为凝重型节奏。

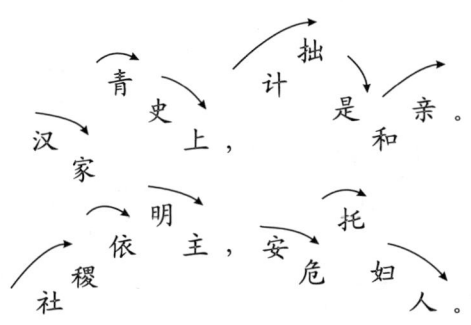

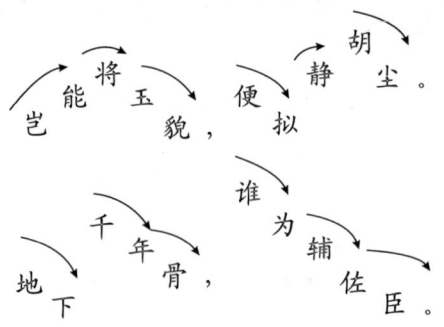

汉家→青史→上——，计拙→是和→亲——。
　△
社稷→依明→主——，安危→托妇→人——。
△△　△△　　　　△△　△△
岂能→将玉→貌——，便拟→静胡→尘——。
△△
地下→千→年骨——，谁→为→辅佐臣——。
　　△

【**注意**】

①汉家：实为讽刺唐朝。"汉"字稍高，带有嘲讽意味。"家"字下行。

②青史上："青"字高起，稍强，稍长。"史"字下行。"上"字顿住。

③计拙："拙"字上提，稍强，以领起下文。

④是和亲："是"字下行。"和"字低起稍长，痛切，暗色。"亲"字带起。

⑤社稷：二字由低上行，有广阔的感受。

⑥依明主："依"字上提。"明"字高行，稍长。"主"字下挫。

⑦安危："安"字高起，平走。"危"字稍降，稍长。

⑧托妇人："托"字再起，平走，渐弱。"妇人"下行，表示"不

可靠""不足取"。

⑨岂能:"岂"字稍重,前半上之后,顺势将"能"字带起。

⑩将玉貌:"将"字高起,平行。"玉貌"二字下行,表轻蔑。

⑪便拟:"便"字稍高,下行,紧接"拟"字。

⑫静胡尘:"静"字上行,"胡"字稍高、稍长,"尘"字稍降。

⑬地下:"地"字低出,"下"字稍降,表示"长久埋在这里"。

⑭千年骨:"千"字上扬、稍重,"年"字稍降,"骨"字下行、全上。要有历史的厚重感。

⑮谁为:"谁"字高起,稍长,稍重。"为"字稍降。要有呼唤、追问的感受。

⑯辅佐臣:三字递降,"臣"字稍重,要有"贤臣明主不常有"的收束感。

此诗义正词严,但用语通俗,表达上要讲求分寸,不可字字用力。

18. 杜甫《春望》

这首诗表达了诗人对动乱离散的悲愤,忧国忧民之情溢于言表,为凝重型节奏。

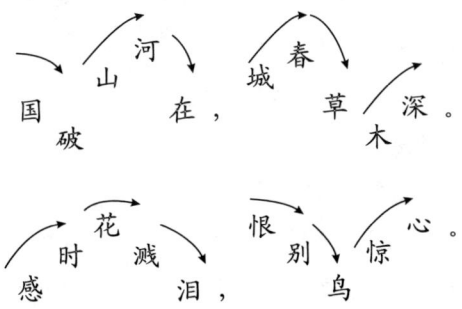

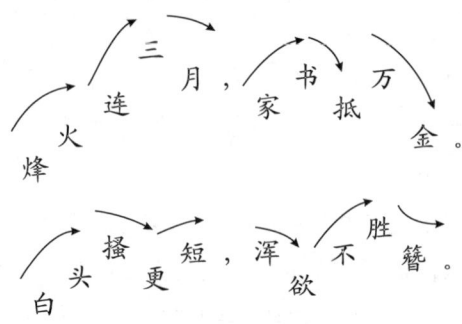

国破→山河→在——,城春→草木→深——。
感时→花→溅泪——,恨别→鸟→惊心——。
烽火→连三→月——,家书→抵万→金——
白头→搔更→短——,浑欲→不胜→簪——

【注意】

①国破:"国"字阳平,稍扬。"破"字去声,下降。

②山河在:"山河"上扬,"在"字下抑。表示山河虽在,国已破,心中沉痛。

③城春:二字稍扬,表示春色。

④草木深:"草木"二字下行,"深"字稍高、稍长、稍重,点出荒芜之意,暗色。

⑤感时:二字上行,下接"怎么样"。

⑥花溅泪:"花"字高起,"溅泪"下抑,表示伤感,流泪不止。

⑦恨别:"恨"字高起,下行接"别"字。

⑧鸟惊心:"鸟"字下抑,上声近似去声。"惊心"稍高,上行。

⑨烽火:"烽"稍低,"火"稍高,表狼烟升空。

⑩连三月:"连"上扬,绵延不断。"三"字再高。"月"字稍降,时间长久。

⑪家书:二字上行,表示亲切盼望。

⑪抵万金:"抵"字下抑,"万"字高起,"金"字下行,表示珍贵无比。

⑬白头:二字上行,表垂垂老矣。

⑭搔更短:"搔"字高起平走,稍长。"更"字下抑。"短"字稍起,较快收。

⑮浑欲:二字下抑,表示引领下文。

⑯不胜簪:"不胜"上行。"簪"字稍降,平走,稍重。

19. 杜甫《旅夜书怀》

细草微风岸,危樯独夜舟。
星垂平野阔,月涌大江流。
名岂文章著,官应老病休。
飘飘何所似?天地一沙鸥。

20. 韦应物《淮上喜会梁州故人》

江汉曾为客,相逢每醉还。
浮云一别后,流水十年间。
欢笑情如旧,萧疏鬓已斑。
何因不归去?淮上有秋山。

21. 贾岛《题李凝幽居》

闲居少邻并,草径入荒园。

鸟宿池边树，僧敲月下门。
过桥分野色，移石动云根。
暂去还来此，幽期不负言。

22. 李商隐《晚晴》

深居俯夹城，春去夏犹清。
天意怜幽草，人间重晚晴。
并添高阁迥，微注小窗明。
越鸟巢干后，归飞体更轻。

以上4首，各有具体感受，各有格调，可以自己分析、练习。

➡ 知识梳理

　　我们必须紧紧抓住每首诗的精神实质，才能凸现其个性，展现文字形式（或视觉形式）相同的基础上那声音形式（或听觉形式）上的区别。也就是说，不应因其文字形式相同，就千篇一律地在声音形式上造成雷同。

　　要运用朗诵的技巧，既使朗诵符合内容的需要，又从声韵、格律的角度给以准确的驾驭。

　　一般来说，韵脚应得到足够的表现，不应淹没在诗行之中，让人听不出来，但韵脚有很多时候并不是重点所在，那就要在不干扰突出重点的前提下，加以显示，或稍稍加重，或给以延长，使诗的节奏感由于韵脚的回环往复得到强化。

　　诗还讲究节拍，朗诵时要认识到节拍在听觉上造成的疏密、长短的音乐美，次要的词语可密些、短些，重要的词语可疏些、长些，使其随着抑扬的变化，显出疏密、长短的差异，从而给人以"循规蹈矩而不刻板生硬，起伏变化又不失工整"的印象。

陆

七言绝句律诗的朗诵

朗诵者必须以细腻充沛的感情贯注其间，以强烈深刻的体味显露于外，才能造成更为广远的想象空间和瑰丽多彩的意境。

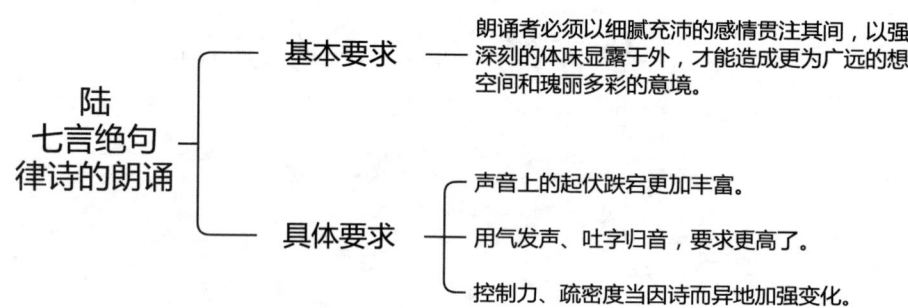

陆 七言绝句律诗的朗诵

七绝与七律,从字上看,比五绝和五律每句多了两个字,但表现力却有了相当强的发展。平仄、对仗等要求更多了,声音上的起伏跌宕也丰富了不少。朗诵者必须以细腻充沛的感情贯注其间,以强烈深刻的体味显露于外,才能造成更为广远的想象空间和瑰丽多彩的意境。

由于基本格式是五绝和五律的延展,所以我们在训练中,仍要保有其诗形,不可过于自由、散漫。

对于用气发声、吐字归音,要求更高了,控制力、疏密度当因诗而异地加强变化。

1. 李白《望庐山瀑布》

这首诗赞颂了大自然的奇妙,夸张而自然,景真而喻切,给人一种奔腾不息、浮想宏大的力量,为高亢型节奏。

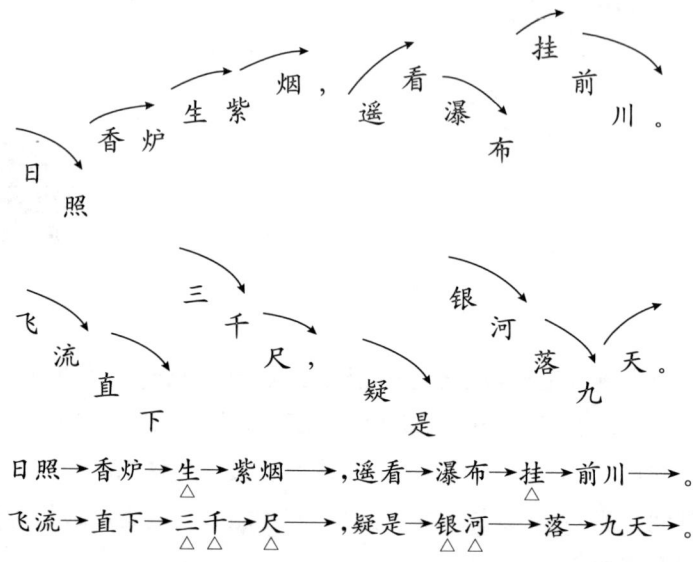

日照→香炉→生→紫烟——,遥看→瀑布→挂→前川——。
△
飞流→直下→三千→尺——,疑是→银河——落→九天→。
△ △ △

【注意】

①太阳照在香炉峰上,蓝天上云雾缭绕,似紫色的烟冉冉升起,美不胜收。一个"生"字,便点染出一片壮丽景象。"生"字上行,"紫烟"缥缈,不可下滑。

②"挂"字化动为静,犹如匹练悬于山上。"挂"字高起,下行。

③"飞流"要迅速下行,不可延宕。"直下"顺势下降。"三"字攀升,高行。"千"字稍降。"尺"字全上,托住,要有极高、极长的感受。

④"银河"很形象,高起,稍降。"落"字沿去声下行。"九"字下抑。"天"字再起。

此诗视野开阔,视角独特,气势磅礴,不可轻松低婉。但也不宜过高、过强,那样,就会缺乏浪漫、跳脱之气。

2. 杜甫《绝句四首·其三》

这首诗是杜甫重回成都草堂时即兴而成，表达了一种轻松愉悦的心情，以四幅独立的图景，组成了一个连续推进的画卷，为轻快型节奏。

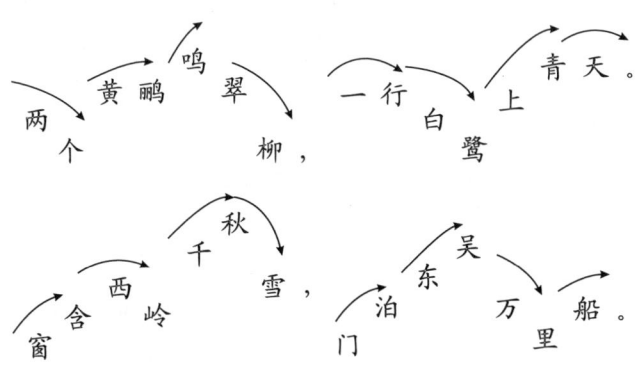

两个→黄鹂→鸣→翠柳——，一行→白鹭→上青→天——。
窗含→西岭→千秋→雪——，门泊→东吴→万里→船——。

【注意】

①"黄鹂"，稍扬，稍快，有跳跃感。"鸣"字再扬，飞来飞去，歌喉婉转。

②"白鹭"，下行，准备高飞。"上青天"扬起，缓缓飞翔，井然有序。

③"千秋雪"，扬起，稍长，表示远望，有时间的悠久感。

④"万里船"，稍降，稍长。"船"稍扬，渐收，表示远来，有空

间的广阔感。

本诗构筑了纵横上下的时空中色彩丰富、动静陶然的景象,令人心驰神往。

3. 张继《枫桥夜泊》

这首诗在江南水乡幽美的秋夜氛围中,表达了游子的清寂、悲凉,揭示了钟声悠扬和震撼的神韵,赋予夜色孤舟以历史的深度,为低沉型节奏。

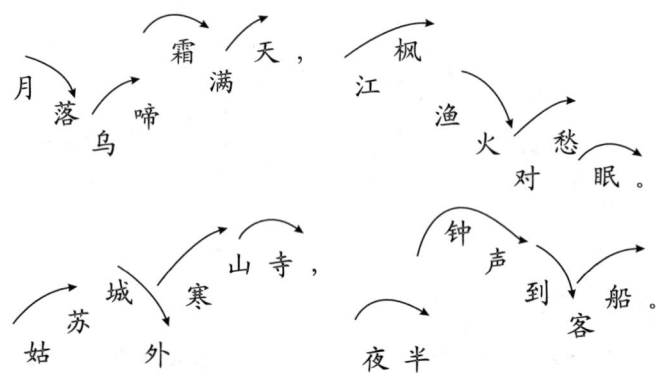

月落→乌啼→霜→满天——,江枫→渔火→对愁→眠——。
姑苏→城外→寒山→寺——,夜半→钟声——→到→客船→。

【注意】

①"霜"字高起,稍长,表达周遭皆是、寒气甚浓之意。

②"对"字接上下抑,稍长,既有"面对"之意,又有"相伴"之意。"愁"字较长、较轻,表达愁绪满怀的感受。"眠"字平走,渐弱。

③"城外"下抑,稍长。"寒山"二字上行,是寺名,却带有寒意。

④"夜半"低起下行,有夜已深的感受。"钟声"高起,"钟"字长,"声"字短,"钟"字强,"声"字稍弱,有敲击感。"到"字较长,下行,似钟声传到。"船"字稍起。

对环境细腻感受,强化声音的空阔,表达孤寂的意境。

4. 韩翃《寒食》

寒食,清明节前两日,有禁烟火习俗,为游玩的日子。这首诗以春天的风景衬托官宦特权的飞扬,表现了同一节气的两种境遇,一显一隐,显示了皇权的跋扈。"五侯"应泛指高官近臣。

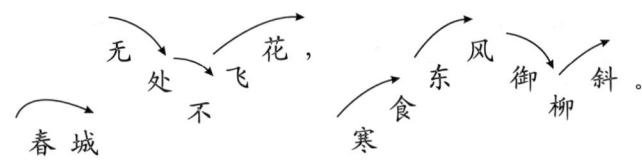

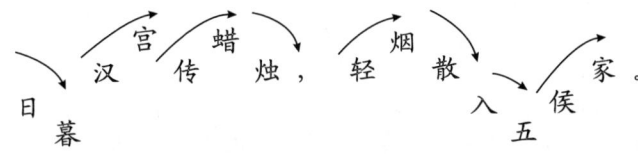

春城→无处→不飞→花——,寒食→东风→御柳→斜→。
日暮→汉宫→传→蜡烛——,轻烟→散入→五侯→家→。

【注意】

①"无处",高起,下行,表示"没有一个地方",满眼均是。"不飞花"上行,"花"字稍长。

②"东风"上扬,春风扑面。"御柳"下抑,"御"字稍强,"柳"字前半上,下挫。

③"汉宫"上行,稍重,为下面铺垫。"传"字稍长,上扬,表示递进、依次进行之意。"蜡"字稍扬,"烛"字下抑,禁烟火之日出现烟火!

④"轻烟"上扬,飘散之意。"散入"下行,由空中进入庭院。"五侯"下抑再起,二字相连,恰是一个全上声调调势。"家"字稍高,平收,带有轻蔑之意,不可带有任何赞扬的色彩。

5. 韦应物《滁州西涧》

这首诗表达了诗人顺应自然、恬淡处世的思想感情,蕴含着一种孤寂无为的忧思,为舒缓型节奏。

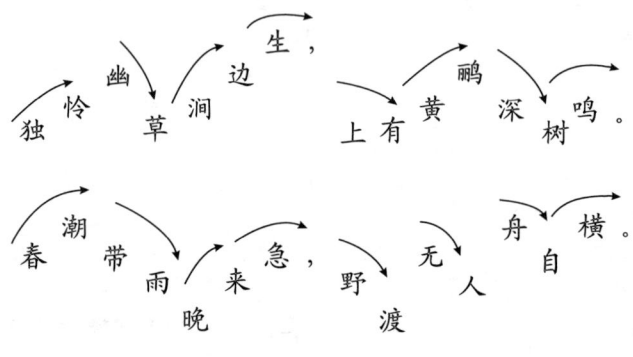

独怜→幽草→涧边→生——,上有→黄鹂→深树→鸣——。
春潮→带雨→晚来→急——,野渡→无人→舟自→横——。

【注意】

①"独"字稍重,"怜"字稍高。"幽"字扬起,"草"字下沉。表示诗人唯独爱那涧边幽草的心境。

②"深"字下抑,稍长,表示树木繁茂。"鸣"字稍短,表示似乎听而不闻,在"怜"之外。

③"春潮"上扬,表潮起;"带雨"下抑,表雨密。"急"字上行,稍短。

④"野"字稍长,"无人"稍强,"舟"字扬起,"自"字下落,"横"字宕开。

诗中节拍舒展,"无人"之后可有停顿,充分展现诗人的胸怀。

6. 元稹《菊花》

这首诗表达了诗人爱菊的心情,赞美了菊花的坚毅品格,为舒缓型节奏。

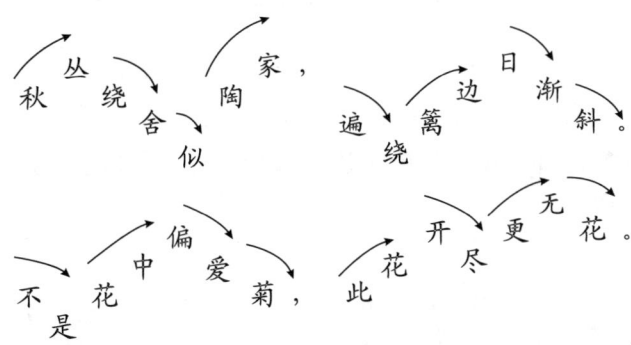

秋丛→绕舍→似陶→家——，遍绕→篱边→日→渐斜→。
不是→花中→偏→爱菊——，此花→开尽→更无→花→。

【注意】

①"秋丛绕舍"，由低到高再到低，环绕之意。"陶家"向往陶渊明宅，上扬。

②"遍绕"下行，"篱边"上行，由近及远。"日渐斜"，下降，时光已晚，仍恋恋不舍。

③"偏"字高出，平走，稍长，表示十分珍惜，无可比拟。

④"无"字宕起，既表示"前无可比"，又表示"后无来者"，推崇备至，珍爱有加。

此诗前面两句极尽菊花繁茂之景，诗人观赏赞叹其美，却是铺垫。第三句，胸有成竹的一个过渡，不必拘泥，只为转折。第四句为重点，应着意揭示其内涵。

7. 杨敬之《赠项斯》

这首诗语言质朴，内涵深邃。杨敬之是个很有地位的人，时人慕之。他非常推崇不知名的项斯，此诗即赞扬项斯的诗及人品的脍炙人口之作。此诗表达了一种识才、荐才的急切心情。为轻快型节奏。

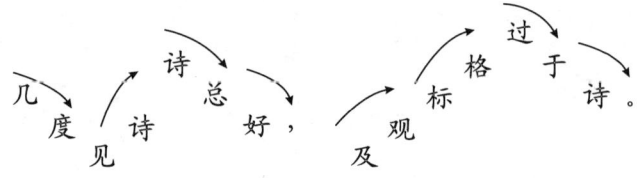

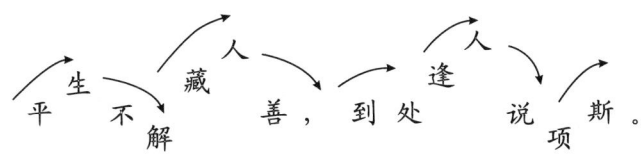

几度→见诗→诗总→好━━━,及观→标格→过→于诗━━━。
　　　　　　△　　　　　　　△
平生→不解→藏人→善━━━,到处→逢人→说→项斯━━━。
　　　　　　△　　　　　△　△

【注意】

①一句中两个"诗"字,一般先轻后重,先抑后扬,因后面出重点。"好"字为铺垫,不可过于突出。

②"及观标格",层层推进,递升。"过"字高起,稍重,稍长,再下行,表现人品比作品更好。

③诗人直抒胸臆,"平生"上行,"不解"下行,表示"从来如此""一贯如此"。"藏人"上行,落点在"善"字,稍重,稍长。此句仍为下句作总述,不可收束,半降即顿住。

④"到处"高起下行,"到哪里都"之意。"逢人"即遇到每一个人,稍扬起。"说"是夸奖、细谈之意,由高至低,稍长,稍重,有一种发现人才的喜悦。"项"字下抑,"斯"字上扬。

此诗在舒展中带有自豪,在递进中带有推崇,洒脱自然,要避免漫不经心,要摒弃拘泥雕琢。

8. 朱庆馀《宫词》

这首诗表现了两个宫女各怀愁绪,竟连鹦鹉在旁都不敢表露。诗人传达出宫廷的森严和冷酷,令人不寒而栗,为低沉型节奏。

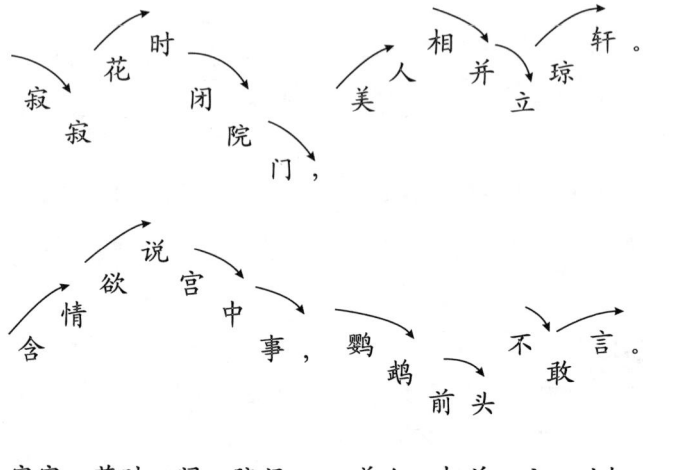

寂寂→花时→闭→院门——，美人→相并→立→琼轩——。
　　　　　　△　　　　　　　　　　　　△
含情→欲说→宫中→事——，鹦鹉→前头→不敢→言——。
　　　△　△　　　　　　　　　　　　△　△

【注意】

①"闭"字由高而低，"院门"继续下行，表示紧闭、隔绝之意。

②"立"字下行，稍重，"琼轩"上行，表示美人之小，琼轩之大，人如木雕泥塑。

③"含情欲说"，一种内心冲动，压抑已久，"宫中事"，下行，似话到口边又强压下去。

④"鹦鹉"，高起下行，似抬眼看到。"前头"再降。"不敢"二字再起而降，内心恐惧，"言"字稍起。

此诗低沉中凝聚愤懑，起伏中显示威压。最后一句，饱含"告密者"的权势，恐惧中流露鄙视。

9. 刘叉《偶书》

这首诗是诗人有感于当时社会的黑暗,宦官专权、外族侵扰,无正义可言,无正直可见,而写出的愤恨,也表达了一种无奈,寄托了一种真情。为高亢型节奏。

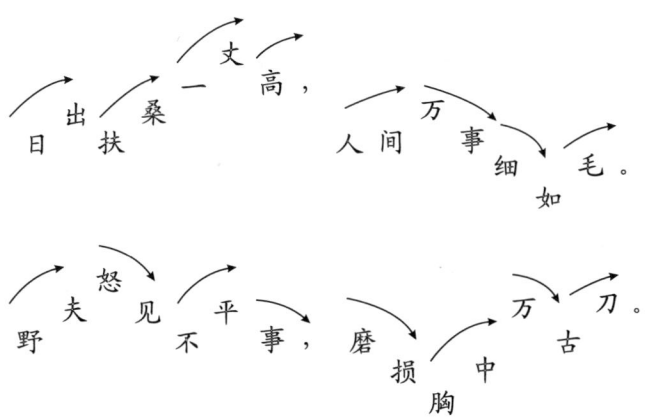

日出→扶桑→一丈→高——,人间→万事→细如→毛——。
野夫→怒见→不平 事——,磨损→胸中→万古→刀——。

【注意】

①日出东方,高照世态炎凉。"一丈"开口有力度,高起,平走。

②"万事"稍高,稍长,"纷繁复杂"之意。"毛"字再起,"历数不尽"之意。

③"怒见",表达刚烈义愤,要重,要长。"不平事"下行,起落

间只是带过,多见不怪,不可着意强调。

④"磨损胸中"有强压怒火之意。"万"字高起,较长,下行接"古"字,再起出"刀"字,喷口有坚实感,表示不会磨灭,正义有伸张之时。

此诗高亢豪迈,激愤中有韧性,压抑中有刚强,各句之间,一句之内,均有起伏跌宕之势,势不可挡。

10. 雍裕之《农家望晴》

这首诗表达了作者对农民、对农事的关心、同情和由衷的感叹。为紧张型节奏。"回"应读 huái,"场"字阳平,不读上声。

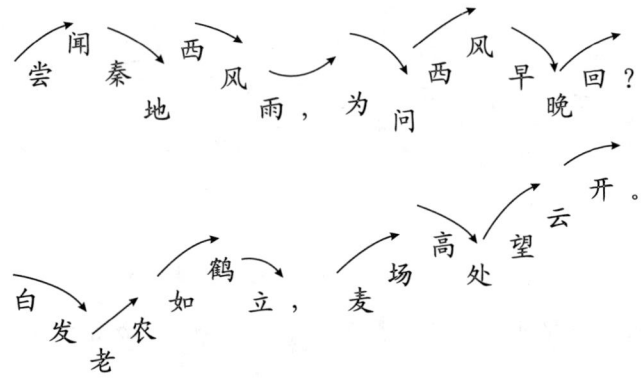

尝闻→秦地→西风→雨——,为问→西风→早晚→回——?
　　　　　　　　　△　　　　　　　△△
白发→老农→如鹤→立——,麦场→高处→望→云开——。
　　　　　　△　　　　　　△　　△

【注意】

①"西风"为横刮,"雨"为竖下,语势要在感受的基础上近似

于风雨走向。

②"早晚"即"何时"之意,用"早晚"点出"早"字,即快些回。"早"字下行,"晚"为衬字,不必着力。"回"字上扬,半起类语势之收字。

③"白发",老态,下降接"老"字。"鹤"字高起,直下,为挺直腰板状。"立"字上扬,表示渴盼。"云开"上行,想象中云开雾散,雨过天晴。

此诗关键是老农的形象及其焦急的心情,不可拖泥带水,要紧凑。

11. 杜牧《题乌江亭》

这首诗表达了诗人对项羽自刎乌江的认识,显露出"败不必馁"的哲理思辨,志气昂扬,见识高远,胸襟开阔。为凝重型节奏。

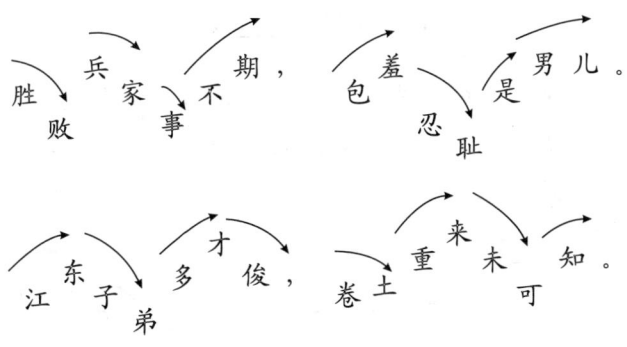

胜败→兵家→事→不期——,包羞→忍耻→是→男儿——。
　　△　△　　　　　　　　　　　　△
江东→子弟→多→才俊——,卷土→重来→未可→知——。
　　　△　　　　　　　　　△

【注意】

①"兵家"以胜败为常事,高起,再下行,表示雄韬大略。"不期"紧连,稍扬。

②"是"字,坚决肯定,扬起,接下面。"男"字高升。"儿",气魄大,志气豪,保持上扬态势。

③"无颜见江东父老",是自惭自愧之悔恨语,却无视"子弟"辈。"子弟"稍重,"多"字更加肯定,上扬,加长,"才"字再扬,"俊"字稍抑。

④"卷土"下行,先抑,"重来"上行,后扬。为欲扬先抑法。"重来"稍重,稍长,有马到成功之意。"未可知",即"不是没有可能","知"字强于"未"字。

此诗启发人们,失败时要看到希望,不要一味后悔,而要坚定信心。历史上,多有反败为胜者,真正的男儿,能够忍受屈辱和羞耻。这一深刻哲理,要渗入字里行间,不可浮光掠影。

12. 李商隐《贾生》

这首诗表达了诗人借古讽今,应不问鬼神而要重视苍生的题旨,感慨万千,内蕴丰富。评述古人,点到为止,正是一语中的。本诗为凝重型节奏。

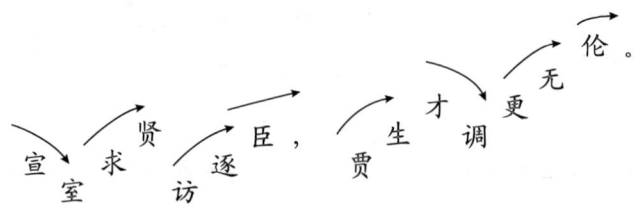

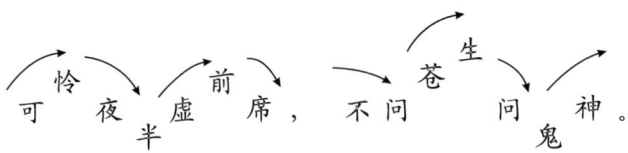

宣室→求贤→访逐→臣——，贾生→才调→更→无伦——。
　　　　△　△　　　　　　　　　　　　△
可怜→夜半→虚→前席——，不问→苍生→问鬼→神——。
　　　　　　△　　　　　　　　　　　△　△

【注意】

①宣室，未央宫前殿的正室。孝文帝将贾谊自被贬之地长河召回，在此室夜对。"求贤"是帝王的德政、清明的表现，应问治国之道。这两个字要上扬，有肯定意味。

②在被访的逐臣中，贾谊才华出众，无与伦比。"更无伦"，逐步上扬，赞贾生之才，也似乎感到文帝之识才。

③"可怜"，上行，有转折意，引出下文。"虚前席"，移近促膝之意，其诚恳、谦逊，如在面前。"前"字有动作感，高行，下落接"席"字。

④"不问"，下行，"苍生"上行，稍重，加停顿，转换，反向出语。"问"字下降，"鬼"字还下沉，稍长，接"神"字稍扬。此三字把前面的多层铺垫一举掀翻，辛辣至极。

朗诵此类诗，先顺势推进，造成求贤若渴、治国有方的意向。不可一开始就认为昏君无道，装腔作势，如此，才会突然转向，令人恍然大悟。

13. 李群玉《书院二小松》

这首诗赞美了两棵小松树,新颖别致,清雅和谐,感受细腻,描绘精到。为轻快型节奏。

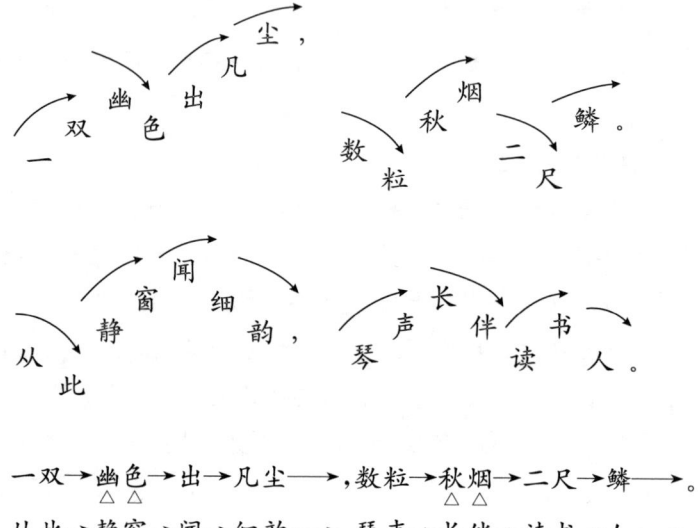

一双→幽色→出→凡尘——,数粒→秋烟→二尺→鳞——。
　　　△△　　　　　　　　　　△△
从此→静窗→闻→细韵——,琴声→长伴→读书→人——。
　　　　　　△△　　　　　　　△△

【注意】

①"幽色"是指两棵小松树的嫩绿,虽然幼小,却已不同凡俗。"幽"字高起,"色"字下行,均稍长、稍轻。"出凡尘",赞美之意,可稍重、稍扬。

②松针尚小,如粒,如翠色烟雾。"秋烟"二字上扬。树高二尺,树皮如鳞,"二尺",极可爱之意。

③"闻",具体感受到那细微的声响,很有韵味,稍高,稍长。

"细韵"下行,稍缓,稍弱。

④"长伴",情趣盎然,其乐融融。要高起延长,"伴"字下行,舒展。"读书人","书"字稍高,似有书声之余音。

诗意贵独创,苍松翠柏,广为描述,而此诗专写稚嫩小松,富新意。用字精炼讲究,又自然贴切。轻快中有韵味,巧妙中寓深意。

14. 章碣《焚书坑》

这首诗无情地谴责了秦始皇焚书坑儒的暴行,嘲讽有力,入木三分。为舒缓型节奏。

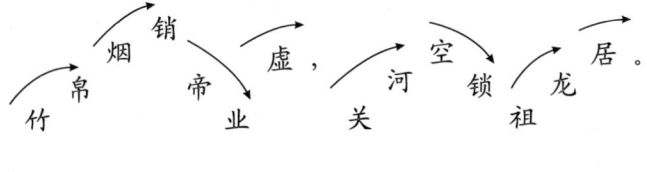

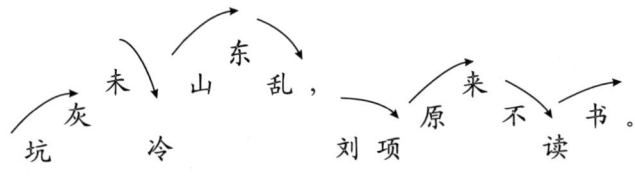

竹帛→烟销→帝业→虚——,关河→空锁→祖龙→居——。
坑灰→未冷→山东→乱——,刘项→原来→不读→书——。

【注意】

①焚书的烟消失了,秦也灭亡了。"虚"字高起,稍重,焚烧

的正是秦始皇的帝业。

②函谷关、黄河一带险要阻挡不住起义军,十分空虚,无力锁住。"空"字高起,下抑,接"锁"字,均稍长,"空"字稍重。

③"未冷",下行,"山东"上行,表示六国之地广阔。"乱"字沿去声下抑,稍重而长。

④刘邦、项羽都没读过书。"原来"上扬,稍重,顿住,转轻接"不"字,下行,稍长。"读书"上行,挑收,表讽刺。

这首诗的理性判断,用感性词语表述,达到了理趣与情趣的融合,令人对施暴者的昏庸和暴行的反作用获得了形象的认知深度朗诵时,不可冷漠,不可简化。

15. 王驾《雨晴》

这首诗是雨后即兴之作,景物平常,但诗意情趣盎然,表达了惜春之情,爱春之意。为舒缓型节奏。

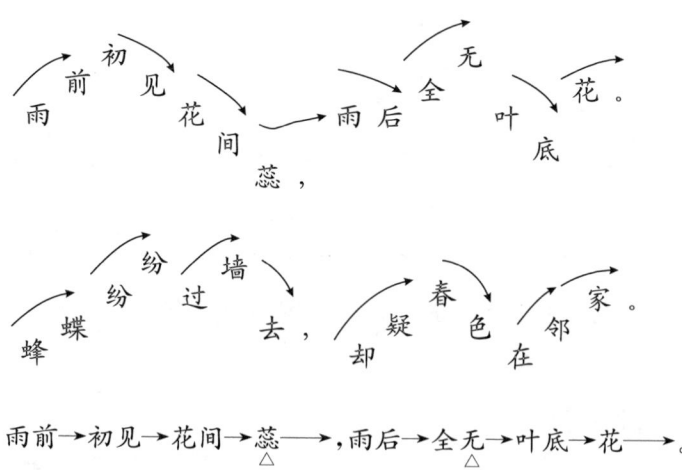

雨前→初见→花间→蕊──,雨后→全无→叶底→花──。

蜂蝶→纷纷→过墙→去——,却疑→春色→在→邻家——。
　　　　　　△△　　　　　　　△

【注意】

①"花间蕊",下行至"蕊"字,全上,稍弱,稍长,表示细小、可爱。

②"全无",上行,一片零落,空有叶而不见花。"叶底花"的"底"字稍低,近看状。

③"蜂蝶纷纷",上扬,"过"字下抑,"墙"字稍扬,"去"字下行,来来往往的蜂蝶不断飞到墙那面去,形象真切。朗诵者感受要细腻。

④心中推想,自己所钟爱的春天已经离去,到了隔壁邻居家。"邻家"既有失春之慨叹,也有思慕之困惑,故"在"字低起,"邻"字上扬,"家"字由强转弱,平收。

此诗观察细微,体验恰切,最后一句更以诗意联想,引人入胜。切忌空泛和生涩。

16. 花蕊夫人徐氏《述国亡诗》

徐氏为后蜀主孟昶贵妃,蜀亡为宋太祖俘并召其作诗,即作此首,表达了亡国的沉痛和对不战而降的愤激之情。本诗为凝重型节奏。

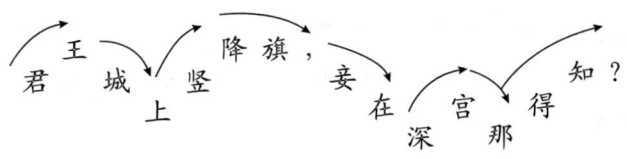

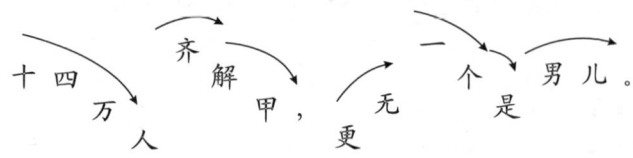

君王→城上→竖降→旗──,妾在→深宫→那→得知──?
　　　　　　　△　　　　　　　△
十四→万人→齐→解甲──,更无→一个→是→男儿──。
　　　　　△　　　　　　　△

【注意】

①在城上竖起降旗,"竖"字稍挫,"降"字稍重,暗色,"旗"字下行。

②"那"即"哪",怎么之意。全句下抑为主,"那"为谷底,否定"女人亡国论",也表示无抗敌机遇。

③"十四万人"稍重,人数之多。"齐",如此一致,稍长。"解甲",放下武器投降,下抑。

④"一个",与"十四万"对比,极言其无好汉。"一"字变阳平,高而长,"个"字下行,"是"字再下行,"男儿"稍重,平走。

以妇女身份斥责将士无斗志、无勇气,言简意深,发人深省。全诗厚重,朗诵时要有力度。

17. 无名氏《金缕衣》

此诗劝告世人珍惜时光,特别是少年时光,"一寸光阴一寸金","金缕衣"不足惜,情感诚挚、急切。该诗通俗、动听,为舒缓型节奏。

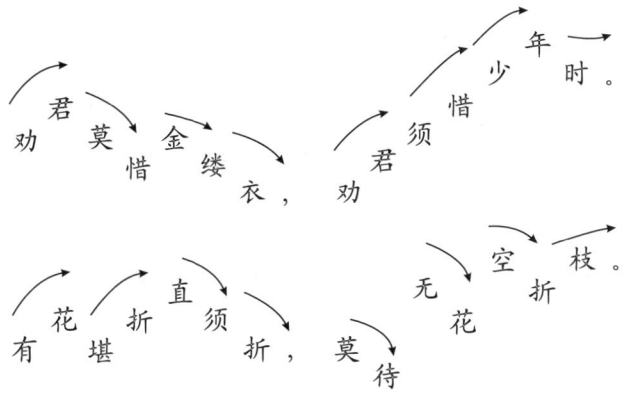

劝君→莫惜→金缕衣——,劝君→须惜→少年→时——。
　　　　△　　　　　　　　　　　　　△
有花→堪折→直→须折——,莫待→无花→空→折枝——。
　　　　　△　　　　　　　　　　　△

【注意】

①"莫惜",下行。"金"字提起,再下抑,物质享受应该放诸脑后,暗色。

②"劝君"热情,上扬。"少"再扬,"年"更扬,"时"稍降。"少年"稍重,稍长,亮色。

③"花"喻机遇,"堪折"上行,"直"坚决、果敢之意,高而长。"折",获取之意,唐人称科考及第为"折桂",可借其说。"折"下沉,不犹豫,不待言。

④"空",徒劳,无所得。高起,稍长,失落感。

惜时诗,用"少年时""直须折",具体、明确,绝非放浪形骸、享受世俗之意,应用以劝人、诫己,以争分秒。朗诵者要由衷感悟。

18. 王安石《登飞来峰》

这首诗表达了从政不久的改革家王安石的远大抱负和宽广胸怀,他豪爽、坚毅,无所畏惧。本诗为高亢型节奏。

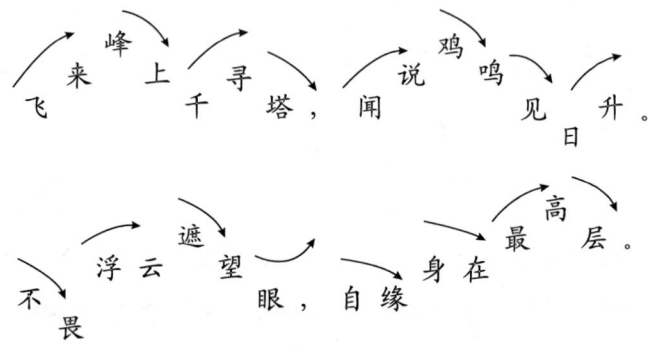

飞来→峰上→千寻→塔——,闻说→鸡鸣→见日→升——。
　　　△ △　　　　　　　　　　　　　　△
不畏→浮云→遮望→眼——,自缘→身在→最高→层——。
　　　　　　△　　　　　　　　　　△

【注意】

①峰高,塔高。"峰"字高扬。"塔"字上声,较重,显得坚实。

②雄鸡唱晓,自然界可见日出,改革中可觉光明。"见日"下行,铺垫。"升"字稍长,上扬。

③"不畏"下行,等闲之意。"浮云"稍高,可以迷乱心目。"遮"字高起,下行,接"望眼",遮不住之意。

④"最高层",能穷目千里,洞察肖小。"最"字上行。"高"字稍高,稍长,但不可过。"层"字下行,实收。要有"高屋建瓴"之感,并非看高处之意。

此诗气势恢宏,有"一览众山小"之意味。居高而见微,信心百倍,不可绵软。

19. 杨万里《晓出净慈寺送林子方》

这首诗不同于一般写离愁别绪的送友诗,满目景色,绚丽多彩,一派生机盎然,充满诗情画意,令人陶醉,为舒缓型节奏。

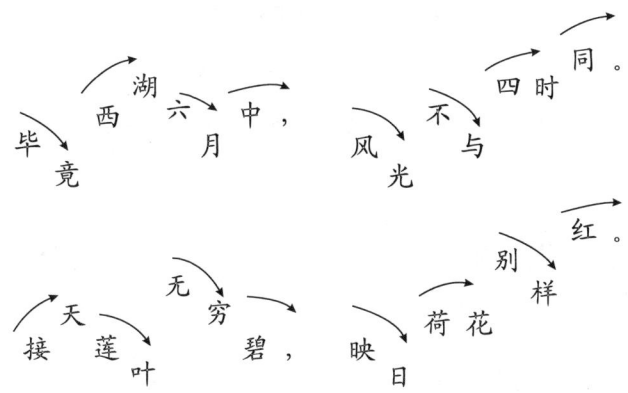

毕竟→西湖→六月→中——,风光→不与→四时→同——。
　　　　　　△△　　　　　　　　　　　△
接天→莲叶→无穷→碧——,映日→荷花→别样→红——。
　　　　　　△△　　　　　　　　　　　△

【注意】

①"六月",不同于春、秋、冬。"六"字下行,接"月"字,"中"字稍起。感受到夏日的温热,水面的清澈。

②"四时",平走,非实指四季。"同"字上扬,表示"不同"之意,与"不与"呼应。故"不"字下行,接"与"字。

③辽阔江天,"莲叶"铺满水面,下行。"无"字扬起,"穷"字

稍降,"碧"字稍顿。

④日光下粉红色荷花,日照之感,"映日"下行,"荷"稍高,不同于"莲叶"。"别"字扬,"样"字降,"红"字稍重而长,"别样"不同于一般,感受清新与祥和。

景色极佳,含情脉脉。与友话别,依依不舍,寄景留情,更显深长,意境高远。

20. 叶绍翁《游园不值》

这首诗写去好友园中赏花未遇,却在想象中看到了比赏花更美的景色,短小精悍,意味深长,富有哲理,象超境外,为轻快型节奏。

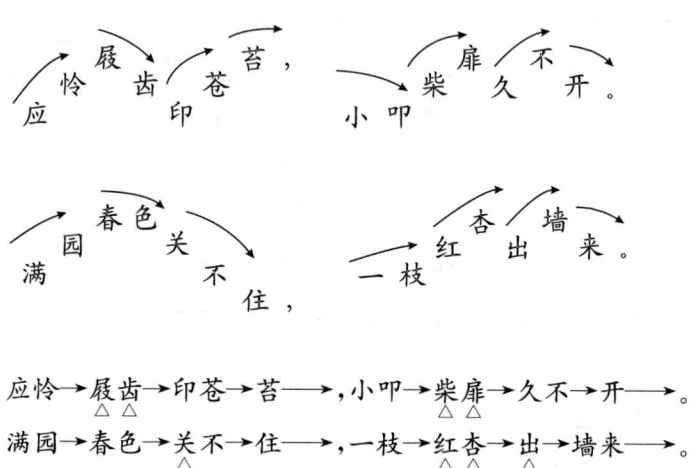

应怜→屐齿→印苍→苔——,小叩→柴扉→久不→开——。
满园→春色→关不→住——,一枝→红杏→出→墙来——。

【注意】

①屐齿,木屐,表示穿着随便。春至苔藓已生。"屐"字高起下行。"齿"字似印在脚下,上声。"印"字沿去声下降。

②"小叩"声音轻,稍缓。"柴扉"上行。"久"字前半上,稍降,稍短。

③"满园春色",舒展、上扬。"关"字稍抑,稍长,稍轻。"不住"顺势而下。

④"红杏",要有伸展、茂盛、鲜艳、挺拔的感受,上扬,稍顿。"出"字低起,稍长,上行,接"墙"字。"来"字稍抑,收束干净。

此诗系游春之作,却见微知著,立意新颖,后二句更增加了春色的生机、活力。门关不住,墙围不下。理在"关不住",情寄"出墙来",平常之事,独具只眼。专注、兴奋之情溢于言表,不可过于渲染起伏。

21. 王昌龄《出塞二首·其一》

秦时明月汉时关,
万里长征人未还。
但使龙城飞将在,
不教胡马度阴山。

22. 王昌龄《芙蓉楼送辛渐》

寒雨连江夜入吴,
平明送客楚山孤。
洛阳亲友如相问,
一片冰心在玉壶。

23. 王维《九月九日忆山东兄弟》

独在异乡为异客,

每逢佳节倍思亲。
遥知兄弟登高处,
遍插茱萸少一人。

24. 李白《赠汪伦》

李白乘舟将欲行,
忽闻岸上踏歌声。
桃花潭水深千尺,
不及汪伦送我情。

25. 杜甫《江南逢李龟年》

岐王宅里寻常见,
崔九堂前几度闻。
正是江南好风景,
落花时节又逢君。

(李龟年,唐开元盛世著名歌唱家。)

26. 元稹《离思五首·其四》

曾经沧海难为水,
除却巫山不是云。
取次花丛懒回顾,
半缘修道半缘君。

(《孟子·尽心》:"观于海者难为水,游于圣人之门者难为言。")

27. 杜牧《过华清宫·其一》

长安回望绣成堆,
山顶千门次第开。
一骑红尘妃子笑,
无人知是荔枝来。

28. 李商隐《夜雨寄北》

君问归期未有期,
巴山夜雨涨秋池。
何当共剪西窗烛,
却话巴山夜雨时。

29. 朱熹《观书有感》

半亩方塘一鉴开,(鉴:镜子)
天光云影共徘徊。
问渠那得清如许,(渠:它,方塘中水。)
为有源头活水来。

30. 梁启超《读陆放翁集·其一》

诗界千年靡靡风,
兵魂销尽国魂空。
集中什九从军乐,
亘古男儿一放翁。(陆游,字放翁)

以上诸首,由朗诵者自己理解、感受,并练习。

31. 崔颢《黄鹤楼》

这首七律登临吊古,怀土思乡,心连广宇,愁绪凝发,多浩叹之声,为凝重型节奏。

昔人已乘黄鹤去,此地空余黄鹤楼。
黄鹤一去不复返,白云千载空悠悠。
晴川历历汉阳树,芳草萋萋鹦鹉洲。
日暮乡关何处是?烟波江上使人愁。

昔人→已乘→黄鹤→去——,此地→空余→黄鹤→楼——。
黄鹤→一去→不复→返——,白云→千载→空→悠悠——。

晴川→历历→汉阳→树——，芳草→萋萋→鹦鹉→洲——，
日暮→乡关→何→处是——？烟波→江上→使→人愁——。

【注意】

①前两联，三用"黄鹤"，两用"空"，"空悠悠"为三字平声，少对仗，欠格律，却带有浓郁的古体诗风格。朗诵时要特别强调感慨万千的心境，不必拘泥平仄。重复字词融入语气中，自然不会显出不合。

②后两联，完全符合格律要求，但要注意变化。"历历"是说"汉阳树"，下连紧密，"萋萋"上接"芳草"，共同指说鹦鹉洲，与前紧密相关。如刻板对仗，会造成文气不顺。尤其是"何处是"，"何"字，表遥望故乡，迷茫怅惘，要长声上行，再降至"处""是"。"愁"字点出感受，"使人"上行，到此字要平收，渐弱。

32. 杜甫《蜀相》

这首七律是对诸葛孔明的赞颂，是诗人自己心迹的阐发，爱国之热情、壮志未酬之悲怆，令人感奋。本诗为凝重型节奏。

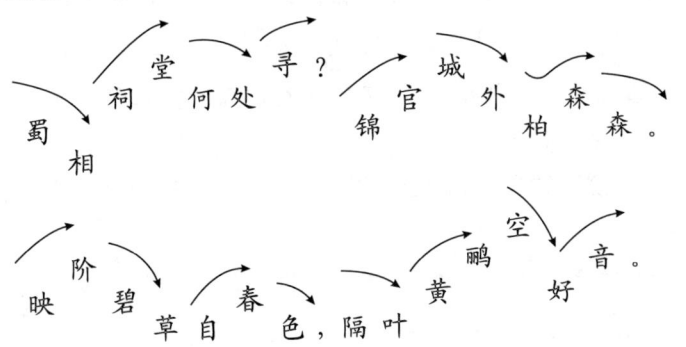

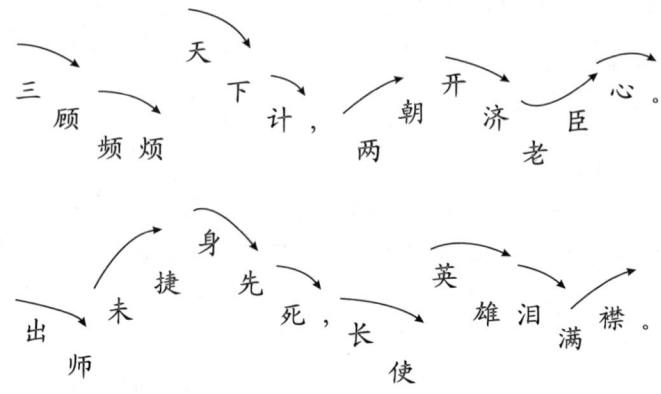

蜀相→祠堂→何处→寻——？锦官→城外→柏→森森——。
映阶→碧草→自→春色——，隔叶→黄鹂→空→好音——。
三顾→频烦→天下→计——，两朝→开济→老臣→心——。
出师→未捷→身→先死——，长使→英雄→泪→满襟——。

【注意】

①"蜀相"点出题意，有的版本作"丞相"。出口要稍重，下行，稍挫。"何处寻"非作者不知而问人，而是作者告诉读者，语气不宜疑惑。"何"字不过高，"处"字要下抑。

②祠堂以柏闻名，"柏"字要延长，"森"高出，第二个"森"字下行，多且有参天之感。

③"阶"扬"草"抑，"自"字低起，表示不顾人间变化，稍重，稍长。

④"叶"下"鹂"上，"空"字平出再降，接"好"字，表示人已早去，音虽好无人听。

⑤"天下计",无私欲,志高远。"天"字高扬,稍长。
⑥"老"字,历尽沧桑,忠心耿耿,要有分量。
⑦"身"字上扬,献身而终,感人肺腑。
⑧"英雄",胸怀报国献身之志士,要稍扬,稍长。"泪"字下行,痛惜不已。

33. 杜甫《闻官军收河南河北》

这首诗表达了关心国运的诗人听到唐朝部队打败叛军收复郑州、开封时,兴高采烈、苦尽甘来的喜悦心情,诗人激昂慷慨、欢欣雀跃,跃然纸上。本诗为轻快型节奏。

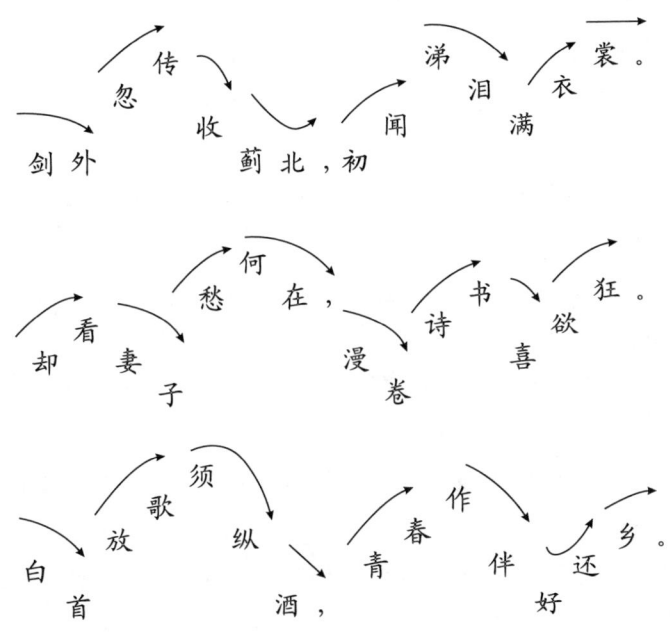

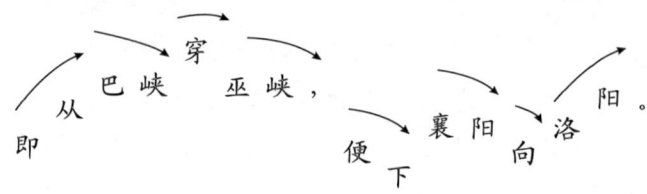

剑外→忽传→收→蓟北──,初闻→涕泪→满→衣裳──。
却看→妻子→愁→何在──,漫卷→诗书→喜→欲狂──。
白首→放歌→须纵酒──,青春→作伴→好还乡──。
即从→巴峡→穿→巫峡──,便下→襄阳→向→洛阳──。

【注意】

①"忽传",捷报突至,如雷贯耳,要突起,上扬,表达振奋之情。

②"涕泪",惊喜之极,泪如雨下,要高起下行,表现满面、满衫之状。

③妻与子愁云尽扫,"愁"上扬,"何"再扬,"在"下行,表示"愁不在"。

④诗与书仓促收拾,"喜"低起,表示由衷,"狂"上扬,表示手舞足蹈。

⑤等待还乡,鬓发已白,穷困抑郁,已无酒兴。"须"高起,表示开怀畅饮。

⑥春色正浓,全家为聚,夙愿将成,还乡逢时。"好"字重而长,"还乡"上行,表归心似箭。

⑦"即从",马上出发,稍快。"穿",平走,穿行跨越,稍长

即接。

⑧"便下",顺流而至,稍快,"向",下行,"洛阳"上扬,风驰电掣之意。"襄阳"之后可稍挫,以衬结尾之气势。

此诗狂喜之心,放纵之态,一气呵成,势不可遏,但朗诵者要从容处之,不可一味求快。

34. 刘禹锡《酬乐天扬州初逢席上见赠》

这首诗表达了诗人在扬州同白居易见面,得到白居易的赠诗之后,感慨万千、百折不挠的豁达情怀。

白居易赠诗:"为我引杯添酒饮,与君把箸击盘歌。诗称国手徒为尔,命压人头不奈何。举眼风光长寂寞,满朝官职独蹉跎。亦知合被才名折,二十三年折太多。"

前二联忆旧,为低沉型节奏渗入句。后二联为本诗重点,舒缓型节奏。

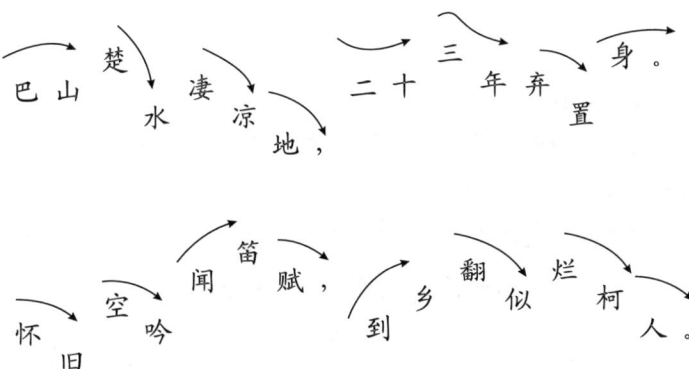

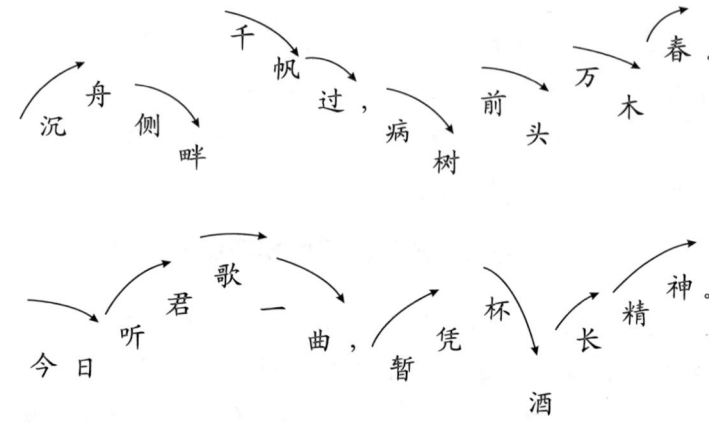

巴山→楚水→凄凉→地——,二十三→年→弃置→身→。
怀旧→空吟→闻笛→赋——,到乡→翻似→烂柯→人→。
沉舟→侧畔→千帆→过——,病树→前头→万木→春→。
今日→听君→歌→一曲——,暂凭→杯酒→长→精神→。

【注意】

①"巴山楚水",指刘禹锡被贬谪之地。喷弹绵软,稍长。"凄凉",暗色,渐下抑。

②"二十三年",被贬谪时间之长,语气沉重,稍缓,"三"字稍重。"弃置"下行,表流放之意。"身"稍起,表示此身之遭遇。

③"闻笛赋",晋向秀过嵇康旧居,闻邻人笛声,哀亡友之命蹇,作《思旧赋》。"闻"上行,"笛"稍长,"赋"下行。

④"烂柯",晋王质进山砍柴,观棋局罢,斧柄已烂,时已过百年。"翻似",真像是,高起下行。"烂"字高而稍重,"柯人"顺势

下降。以"烂"字点出时间之久。

⑤"千帆过",重点在"过",用"千帆"高起下行带出,有千帆竞发之态势。

⑥"万木春",重点在"春",以"万木"稍扬再抑托起,表春风催绿之生机。

⑦赠诗如歌,感人肺腑。"歌"字高起。

⑧"长"字由"酒"字抬起,向上推进。"神"字稍重,扬收。

35. 白居易《放言五首·其三》

这首诗表达了作者被贬为江州司马赴任途中对人生的看法,主张必须经过时间的考验才能辨真伪,"日久见人心",不必因一时受挫而悲观。本诗为凝重型节奏。

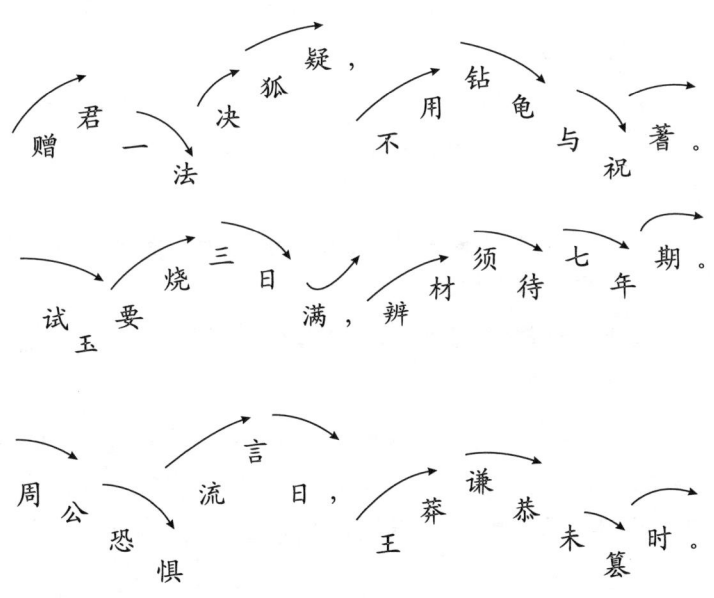

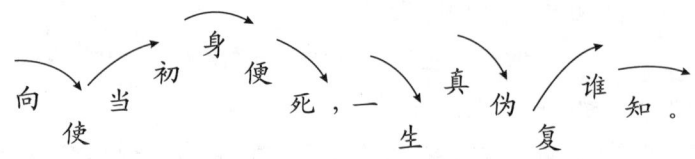

赠君→一法→决→狐疑──,不用→钻龟→与→祝蓍──。
　　　　　　△　　　　　　△
试玉→要烧→三日→满──,辨材→须待→七年→期──。
　　　　　△　△　　　　　　　　　△
周公→恐惧→流言→日──,王莽→谦恭→未篡→时──。
向使→当初→身便→死──,一生→真伪→复谁→知──。
　　　　　　　　　△　　　　　△　△

【注意】

①"决"字上行,稍重。

②"不"字上行,稍长。用龟甲、蓍(shī)草卜吉凶,是不可取的,带过,不必强调。

③"三日",真玉烧三日不热。"三"字高起下行,稍重。

④"七年",诗人自注:"豫章木生七年而后知"。"七"字稍重,稍长。

⑤周公辅政,人疑篡位,史证其忠,但对当时流言亦惧。"流言"上行,表散播之害。

⑥王莽愈尊,愈显谦恭,史证其伪。但在未篡位时迷人,"未篡"稍降,表做作之时。

⑦"当初"指"流言"和"谦恭"时,那时死去,"死"下抑,全上声,稍重,稍长。

⑧"真伪","真"高,"伪"低,"真"重,"伪"轻,"复谁"上行,"知"平收。

36. 柳宗元《登柳州城楼寄漳、汀、封、连四州刺史》

这首诗是柳宗元作为曾被重用的改革派在保守势力反扑下又被贬到柳州时所作，诗寄同时被贬的刘禹锡、韩泰等四刺史，表达了作者在政治风云中的痛心疾首、孤苦愁困的心情。本诗为凝重型节奏。

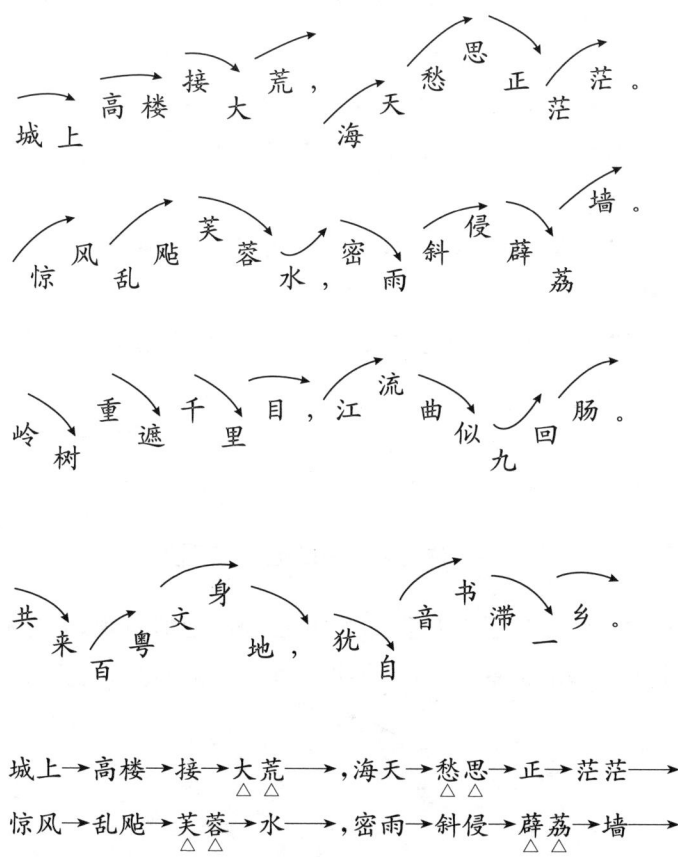

城上→高楼→接→大荒⎯⎯，海天→愁思→正→茫茫⎯⎯。
　　　　　　　△
惊风→乱飐→芙蓉→水⎯⎯，密雨→斜侵→薜荔→墙⎯⎯。
　　　　　　△　　　　　　　　　　△　△

岭树→重遮→千里→目→，江流→曲似→九回→肠——，
　　　　　　　　△
共来→百粤→文身→地——，犹自→音书→滞一→乡——。
△　　　△　　　△　　　　　　△

【注意】
①"高楼"要高行,直立感。"大荒"要稍起,空旷感。
②"愁思"发自海远天高,上行,进而以"正"下抑。"茫茫"稍扬,稍长,表达思绪万千之飘忽不定。
③"芙蓉",高洁之意,高起下行,受"惊""乱"之扰。
④"薜荔",清雅之意,稍抑再下行,被"密""侵"所逼。
⑤"重"字高行,稍长,稍重。"千"字虽高,稍轻,表示遥远而更有重重障碍。
⑥"曲",弯曲意,下抑,至"九"前半上。"曲"字要平走,稍长,再接去声"似"字。
⑦"共"字稍长,不胜劳苦之意,"文身"稍重,偏远、荒蛮之地,突出特点。
⑧"犹"字稍重,表示荒凉到如此地步。"滞"字把"书"字高行中断,沿去声下抑,既表音讯不通,更表知心难诉。

37. 许浑《咸阳城西楼晚眺》

这首诗表达了诗人思乡、怀古之深情,远眺近观,天时地势,把此时此地的情景,描写得真实生动。为凝重型节奏。

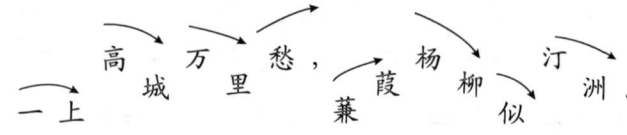

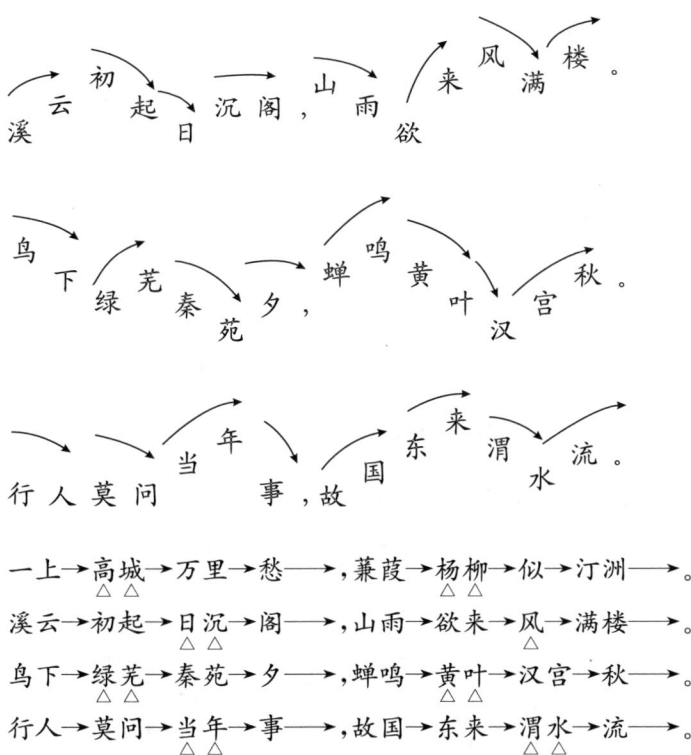

一上→高城→万里→愁——,蒹葭→杨柳→似→汀洲——。
　　　△△　　　　　　　　　　△　
溪云→初起→日沉→阁——,山雨→欲来→风→满楼——。
　　　　　△△　　　　　　　　　△
鸟下→绿芜→秦苑→夕——,蝉鸣→黄叶→汉宫→秋——。
　　　△△　　　　　　　　　△△
行人→莫问→当年→事——,故国→东来→渭水→流——。
　　　　　△△　　　　　　　　　△△

【注意】

①"高城","高"字高出,稍重。"万里"稍长,渺茫意。

②"杨柳","杨"字上扬,"柳"字下沉,表示杨挺柳弱,其形可感。"汀洲"代江南。

③"初起",刚刚生成之意,高起下行,为下文铺垫,即"日"稍重,"沉"稍扬,"阁"稍降。

④"山雨"自山上下来,由高起下行,"欲"低行,"来"扬,"风"再扬,"满"字下行,"楼"字上行。此句既写时景,又见哲理,不可

随意为文。

⑤鸟飞落秦苑,荒芜遍地。"鸟下"下行,"绿芜"由近及远。

⑥蝉鸣于黄叶,枯林仍在,汉宫已空。"黄""叶"二字下行,飘零感。"秋"字上扬,表示已成历史。

⑦过路人不必问当年的事。"当年",上扬,稍重,稍长,表示已成过眼云烟。

⑧只有渭水还在流。"故国东来"扬起,反衬"渭水",加重分量,沉重感叹。"流"字上行,从古流到今,不问兴亡。

38. 李商隐《无题二首·其一》

这首诗表现了作者对昨夜的追忆与想象,表达了一种人在宦海,身不由己,不能与心中思念的人物相聚的怅惘。为低沉型节奏。

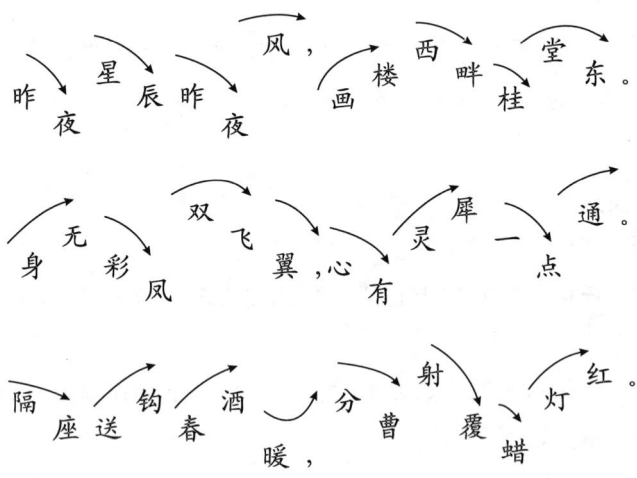

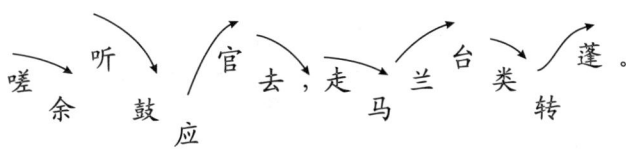

昨夜→星辰→昨夜→风→,画楼→西畔→桂堂→东→。
身无→彩凤→双飞→翼→,心有→灵犀→一点→通→。
隔座→送钩→春酒→暖→,分曹→射覆→蜡灯→红→。
嗟余→听鼓→应官→去→,走马→兰台→类→转蓬→。

【注意】

①首二句,回忆昨夜情景,"星辰"和"风"、"画楼"和"桂堂",营造了一种温馨的氛围,要有"回忆"感。

②三、四两句,诉说今夜的心绪。虽不能飞去,却能息息相通。这是一种苦寂中的欣慰。"灵犀"要扬起,"一"字要加重,"通"要稍长。

③五、六两句,"送钩""射覆"为酒宴上的游戏,"分曹"即分组。想象中的热闹、喧哗的场面,"春酒"要上扬,"酒"字在上声"暖"字之前,变为近似阳平,"蜡灯"先抑后扬。

④七、八两句,"应官"按时上班,重点在"官"。"转蓬",似蓬草随风飘转,不能自主。"转"字低起,前半上,"蓬"字高扬。

39. 杜荀鹤《自叙》

这首诗表达了作者一生抱负,正直清白,却无人深知的心情,苍凉悲壮,不逢迎世俗的愤激跃然纸上。本诗为凝重型节奏。

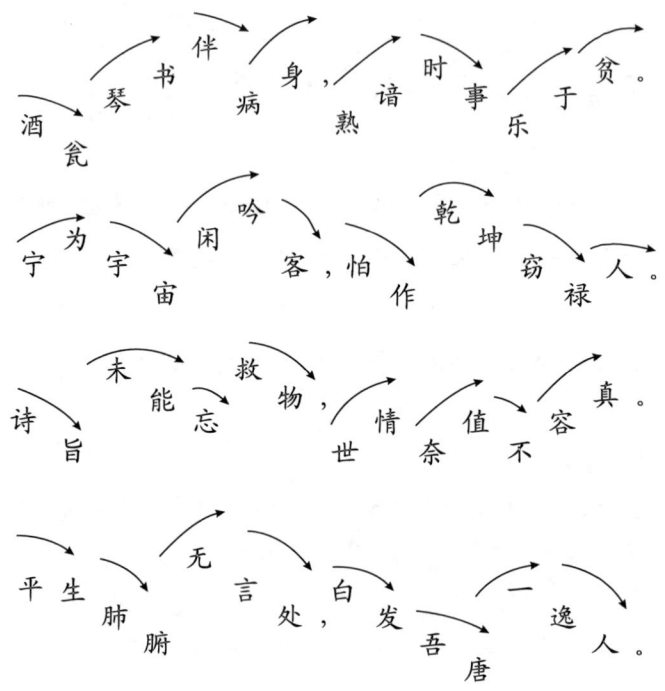

酒瓮→琴书→伴→病身──,熟谙→时事→乐于→贫──。
　　　　　　△　　　　　　　　　　　△
宁为→宇宙→闲吟→客──,怕作→乾坤→窃禄→人──。
　　　△　△　　　　　　　　　　　△　△
诗旨→未能→忘→救物──,世情→奈值→不容→真──。
　　　　　△　　　　　　　　　　　　△
平生→肺腑→无→言处──,白发→吾唐→一→逸人──。
　　　　　△　　　　　　　　　　　△

【注意】

①首二句,"伴"字显出孤苦,高起,下行。"乐"字表示心无名利,不求富贵,低起,稍长。

②"闲吟",内藏淡泊,心事浩茫连广宇。上行,"吟"字要有分量,"窃禄",无能而贵,无德而富,极度鄙视,口稍闭,声稍暗,"嗤之以鼻"之感。

③"救物"高起下行,诗言志,志存高远。"不"下抑,"真"上扬,义愤之意。

④末二句,"吟罢低眉无写处"之感慨,"高处不胜寒"之意。"无"字上扬,较长,"一"也要上扬,较长。坚贞不渝,终生不悔。

40. 秦韬玉《贫女》

这首诗表达了贫女的高尚情操和哀怨沉痛,同时,语意双关,寓意深刻,富有人生哲理意味,诗人赞扬和同情贫女的一番用心,给人以启迪。本诗为舒缓型节奏。

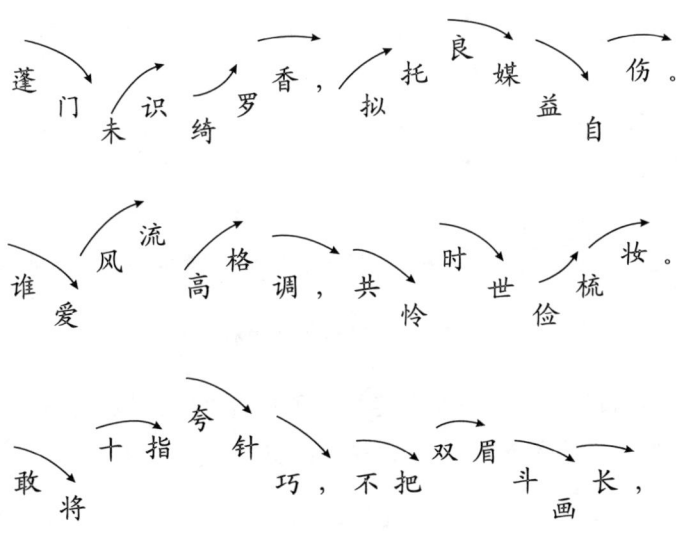

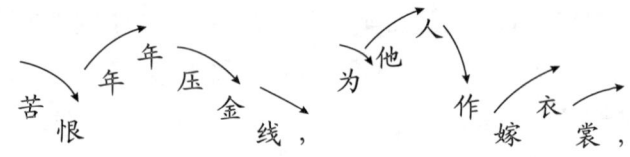

蓬门→未识→绮罗→香——,拟托→良媒→益→自伤——。
谁爱→风流→高→格调,共怜→时世→俭→梳妆——。
敢将→十指→夸→针巧——,不把→双眉→斗→画长——。
苦恨→年年→压→金线——,为他人→作→嫁→衣裳——。

【注意】

①粗衣布裳不知绮罗之香,想求媒人说亲却倍加感伤。绮罗无缘,良媒不至,点出此事,诗意已成,"绮罗"上行,"良媒"下抑。

②格调再高无人爱,当世俭朴自为珍。"高"字上行,"俭"字下抑。

③针巧可夸,不画长眉,只争实力,不斗艳丽。"夸"高行,自豪感;"斗"下降,蔑视态。

④年复一年苦恨,无人过问,自己未嫁却为嫁者缝衣。"年年",表示愤懑压抑,要长,要扬起。"他人"高扬,表示世道不公。

41. 陆游《游山西村》

这首诗赞美了农村秀美的景色和古朴的民风,自然中显出新颖,平实中不乏奇特,为舒缓型节奏。

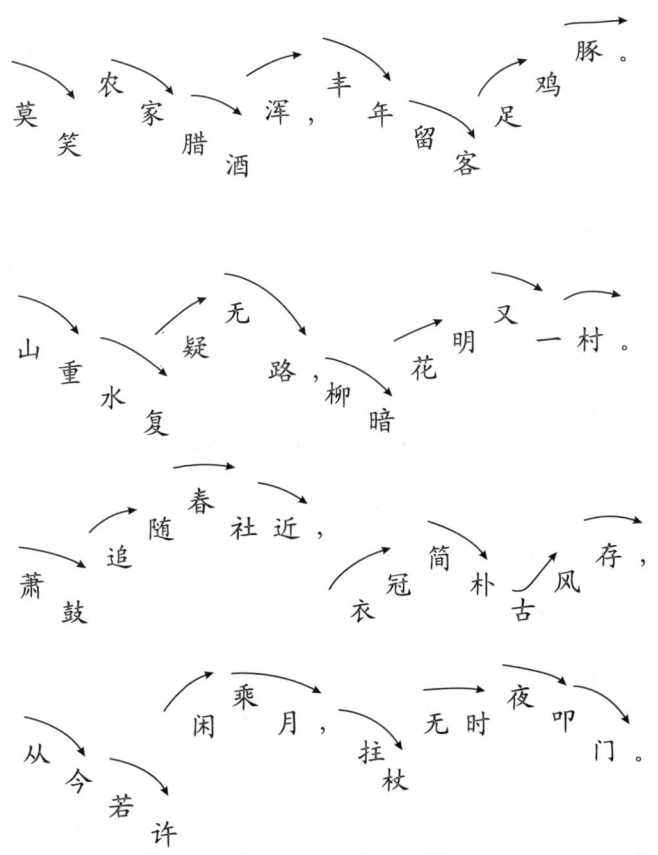

莫笑→农家→腊酒→浑——,丰年→留客→足鸡→豚——。
　　　　　　△
山重→水复→疑→无路——,柳暗→花明→又→一村——。
　　　　△
萧鼓→追随→春社→近——,衣冠→简朴→古风→存——。
从今→若许→闲→乘月——,挂杖→无时→夜→叩门——。
　　　△　　　　　　　△

【注意】

①酒虽浑,鸡豚足,农家已乐。"腊酒浑"先抑后扬,"足鸡豚"高起上行。

②山水交织,花柳成行。"疑"上扬,"又"高起下行。内含哲理,千古绝唱。但此处不宜过分强调,舒展荡开,自能省人。

③"萧鼓",表古乐器,之后虽起伏,似均在其曲乐之中,不可喧宾夺主。"古风"上行。

④"闲",自由自在,随处走动。"夜",无时无刻,挨家拜访。"闲"字上扬,"夜"字高起下行。

42. 文天祥《过零丁洋》

这首诗是作者被俘拒降的"明志诗",表达了以死报国的坚定决心,感情激越,气势恢宏,为高亢型节奏。

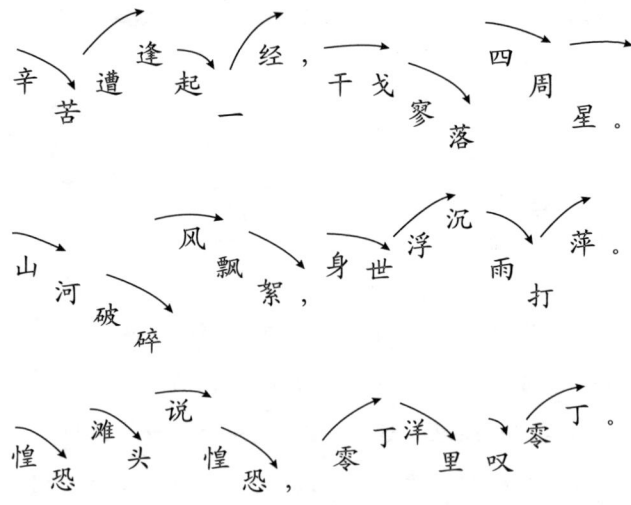

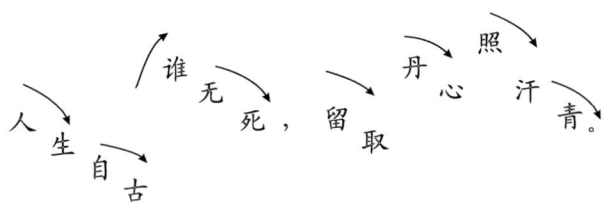

辛苦→遭逢→起→一经→，干戈→寥落→四→周星→。
山河→破碎→风飘→絮→，身世→浮沉→雨→打萍→。
惶恐→滩头→说→惶恐→，零丁→洋里→叹→零丁→。
人生→自古→谁→无死→，留取→丹心→照→汗青→。

【注意】

①精通一部经书而得中进士，辛苦之至。"起"字低起下行，"一"字下抑，"经"字上行，稍短。南宋王朝失尽民心，只自己孤军奋战四个年头。"四"字，出口缓弱，稍长。

②南宋政权风雨飘摇，自身境遇浮萍沉落。"风"高起而长，"雨"低降而沉。

③兵败曾经惶恐滩，被俘又过零丁洋。不幸、愤恨交织，担心、孤单汇聚，说不尽，叹不止。"说"字高行，"叹"字下抑。

④人皆有死，或重于泰山，或轻于鸿毛。自己要忠诚坚贞，以留青史。"谁"高扬，看透了，识破了。"丹心"为诗之魂，高起，稍长，稍顿，接"照"字，顺势下行。

43. 元好问《岐阳·其二》

这首诗表达了作者对外族入侵的忧虑和痛恨,为低沉型节奏。

百二→关河→草→不横——,十年→戎马→暗→秦京——。
　　　　　　　△
岐阳→西望→无→来信——,陇水→东流→闻→哭声——;
　　　　　△　　　　　　　　　　　△
野蔓→有情→萦战→骨——,残阳→何意→照空→城——。
从谁→细向→苍苍→问——,争遣→蚩尤→作→五兵——?!
　　　　　　△　　　　　　　　　　　　△△

【注意】

①秦兵二万可当诸侯百万,一草一木都未倒下。"草"字直下,坚强意。十年战争,阴云密布,暗无天日,"暗"字下行,暗色,稍长。

②"无"上扬,音讯全无。"闻"低起,上行,唯有哭声。

③"野蔓"下行,"萦"高起下落。"残阳"低起上行,"照"字顺势下抑。

④"苍苍",上苍,苍天。高行平走。"蚩尤"较强,憎恶感,"五兵"低起上行,表反问,感叹有力。

44. 虞集《挽文山丞相》

这首诗为悼念文天祥而作。沉痛哀婉,义愤填膺。用典恰当,剖析深刻,为凝重型节奏。

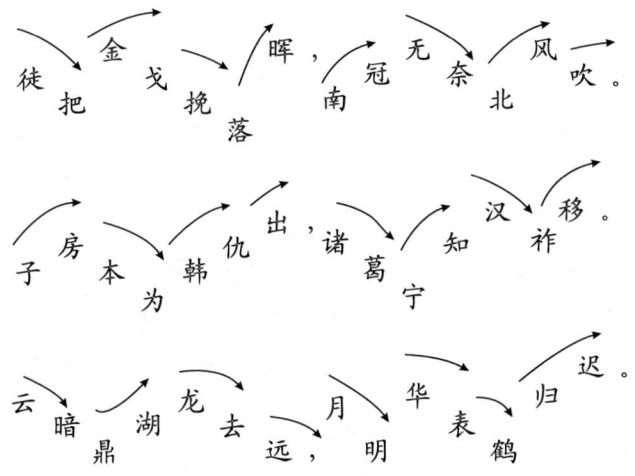

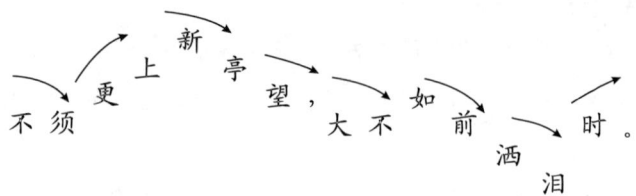

徒把→金戈→挽→落晖——，南冠→无奈→北风→吹——。
　　　　　　　　△　　　　　　△
子房→本为→韩仇→出——，诸葛→宁知→汉祚→移——。
　　　　　　△　　　　　　　　　　　△
云暗→鼎湖→龙→去远——，月明→华表→鹤→归迟——。
　　　　　　△
不须→更上→新亭→望——，大不→如前→洒泪→时——。
△　△　　　　　　　　　　　　　　△　△

【注意】

①壮志未酬空使力，即将覆灭的王朝是无力挽回的。"徒"字突起，下行。"南冠"为囚犯代称，被俘的文天祥面对北方入侵者，徒唤奈何。"无奈"高起，下行。

②张良报韩国之仇，诸葛亮为兴汉室死而后已，都具有报效国家、万死不辞的志向。"韩仇"上扬，"汉祚"下抑。

③黄帝铸鼎于荆山，鼎成乘龙上天；辽东人丁令威学道，变仙鹤返乡，集于华表，有人欲射，他有"城郭如故人民非"之语。"龙""鹤"一扬一顿，表示宋帝远去，故国人非。

④"不须"，劝告，稍重，下行。东晋诸臣过江后，在南京之新亭慷慨悲歌，北望而泣。"洒泪"下抑，稍长。表示大宋已亡，尚不如东晋，已无人垂泪了。

45. 高启《岳王墓》

这首诗为凭吊岳墓诗中之佼佼者。全诗深沉苍劲，含蓄悲壮，为凝重型节奏。

大树→无枝→向北→风——，千年→遗恨→泣英→雄——。
　　　△△　　　　　　△△
班师诏→已→来→三殿——，射房书→犹→说→两宫——。
　　　△
每忆→上方→谁→请剑——，空嗟→高庙→自→藏弓——。
　　　　　△

栖霞→岭上→今回→首——，不见→诸陵→白露→中——。
　　　　　　　　△　　　　　　　△　△

【注意】

①岳墓之树，枝枝向南，无一向北。"无枝"上行。憾恨至今，为英雄致哀哭泣。"遗恨"下行。唐代麟游殿有三面称三殿，代宋王朝。徽、钦二帝为两宫。催促退兵的诏书已从三殿发出，岳飞主战的上书还在以二帝被虏为由申述抗金之理。"已"，过去时，"犹"现在时，一抑一扬，表赞扬之意。"班师诏"与"射房书"应连而不顿。

②每忆及谁曾请缨用剑，常叹宋室以莫须有之罪滥杀功臣，跟刘邦一样。"谁"，没别人。"自"，隐祸心。一扬一抑，褒贬分明。站在岳墓坐落的栖霞岭上，再回头望去，看不到宋室陵寝，只有白露迷茫。"回"上扬，"首"顿住，"白"高起，"露"下行，"中"平收。

46. 何景明《鲥鱼》

这首诗是对封建王朝黑暗统治的鞭挞，是对豪奢生活的尖刻讽刺，充满了正直的呼声，浓烈的不平，为舒缓型节奏。

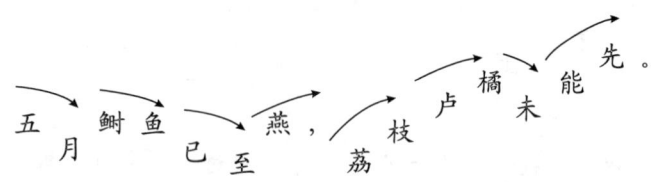

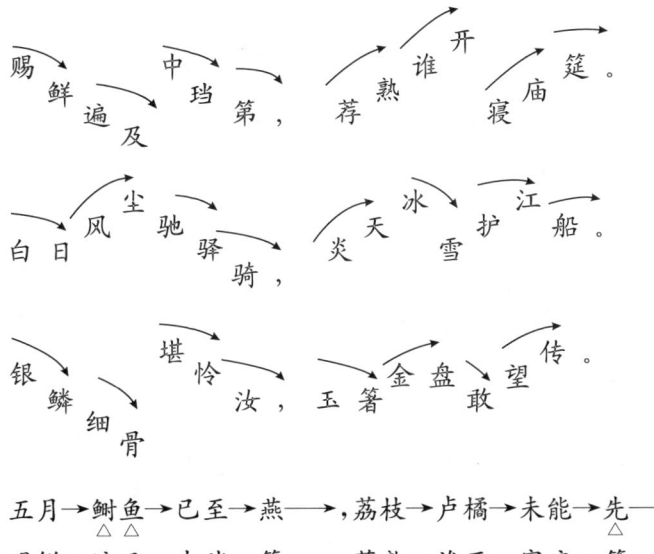

五月→鲥鱼→已至→燕——,荔枝→卢橘→未能→先——。
△△ △
赐鲜→遍及→中珰→第——,荐熟→谁开→寝庙→筵——。
△ △
白日→风尘→驰→驿骑——,炎天→冰雪→护→江船——。
△
银鳞→细骨→堪怜→汝——,玉箸→金盘→敢望→传——。
△

【注意】

①鲥鱼,极名贵,肉鲜美。五月即已从南方运至京城,价值大大超过荔枝与枇杷,遥遥领先了。把它赐给了所有宦官宅第,而宗庙之中却无祭品。"鲥鱼"高起,稍重。"未能先"递升,"先"稍长。"中珰"高行,下降,"寝庙"由低上行。

②驿马疾驰,风尘漫天,江船冒暑,冰雪护鲜。如此可爱的美味,谁都希望得到恩赐,可惜不敢奢求。"驰"高起下行,稍短,"护"接"雪"字上行,稍长。"堪"字高行,稍重。"敢"字下抑,稍轻。

47. 黄景仁《杂感》

这首诗悲愤沉重,压抑苦寂,是封建文人怀才不遇、前途无望的写照,为低沉型节奏。

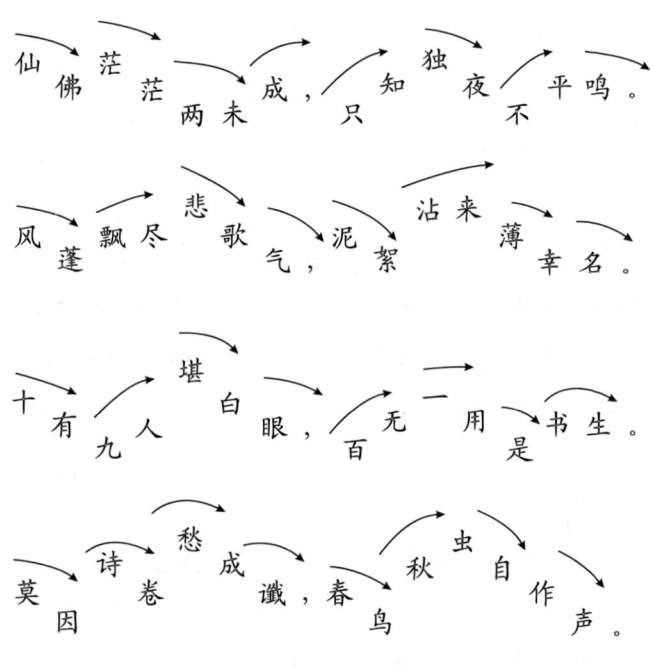

仙佛→茫茫→两→未成──,只知→独夜→不平→鸣──。
　　　　　△　　　　　　　　　　△
风蓬→飘尽→悲歌→气──,泥絮→沾来→薄幸→名──。
十有→九人→堪→白眼──,百无→一用→是→书生──。
莫因→诗卷→愁→成谶──,春鸟→秋虫→自→作声──。
　　　　　　　△

【注意】

①一切追求都落空了,"茫茫"高行,稍抑。仍为世间不平事孤独悲愤,低吟高歌。"不平"低起上行。

②漂泊辗转,悲歌气滞;絮沾泥土,薄幸(负心)名传。"悲歌"高起下行,"悲"稍重;"薄幸"相似,"幸"稍重。

③十个人之中有九个要遭到鄙视,一百人之中一个有用的也没有,那就是读书人。"堪"高起下行,"是"下抑,转"书生"上扬,平走。

④不要担心写诗会受到文字狱的迫害,那春鸟、秋虫都要唱出自己的歌声。"愁"高行上扬,稍重。"自"下行,坚定,稍长。"声"平收,稍重。

48. 龚自珍《咏史》

这首诗深刻地揭露了统治阶级的荒淫无道,达官、名流的追逐利禄,讽刺辛辣,感情激愤,为低沉型节奏。

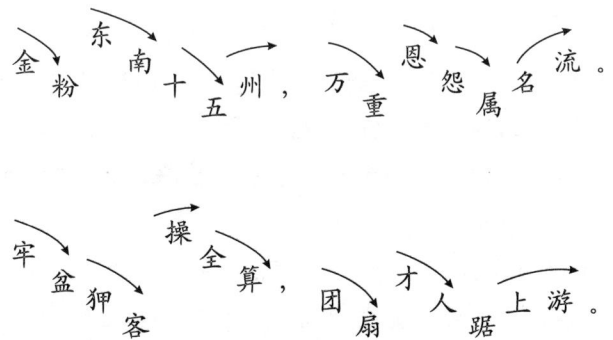

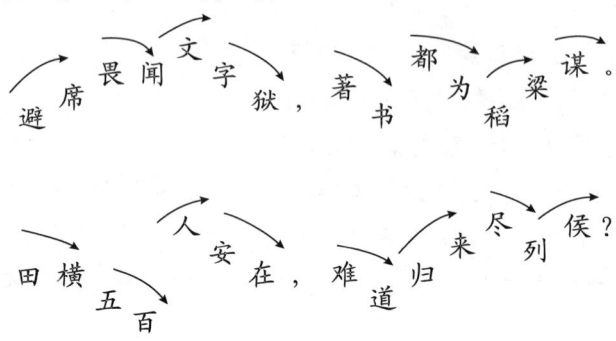

金粉→东南→十五→州——,万重→恩怨→属→名流——。
牢盆→狎客→操→全算——,团扇→才人→踞→上游——。
避席→畏闻→文字→狱——,著书→都为→稻粱→谋——。
田横→五百→人→安在——,难道→归来→尽→列侯——?

【注意】

①"东南",鱼米之乡,富庶之地,高起,稍降。"名流",种种恩怨均集于斯,从"属"字始,上行,"流"字扬收。

②牢盆指盐官,狎客指幕僚。"操",把持,高行,稍重。团扇才人指官宦子弟,霸占着高位。"踞",下行,表盘踞不去之意。

③"文字"先扬再降,表示连文字都会惹祸入狱。"稻粱"低起上行,表示只顾觅求功名,一心往上爬。

④田横不降刘邦,率五百人去海上,后皆自杀,以其为刚勇之士。如果归来,是否也去受封谢恩了?"人"稍重,上扬,表刚正。"尽"高起,下行。"列侯"稍扬,表轻蔑。

49. 魏源《寰海十章·其九》

这首诗深刻揭露了清王朝屈辱求和、重金媚外的卖国嘴脸。满腔愤怒,化作冷峻剖刀,入木三分。本诗为凝重型节奏。

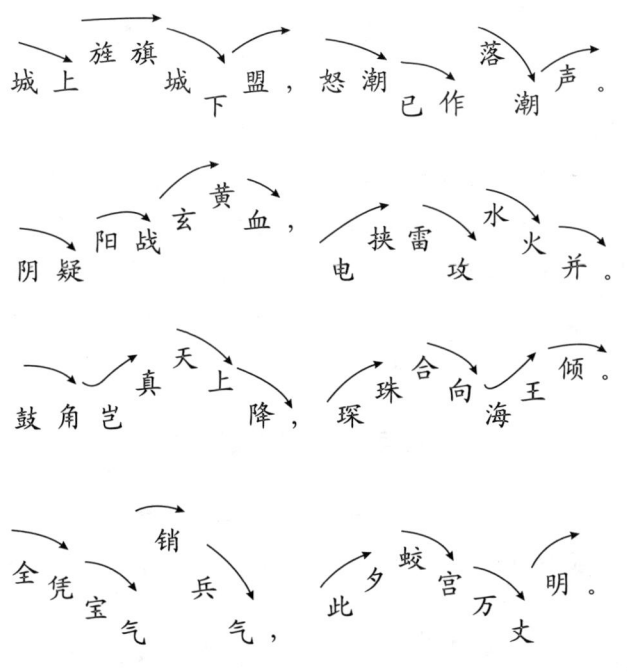

城上→旌旗→城下→盟——,怒潮→已作→落潮→声——。
　　　　　△　　△
阴疑→阳战→玄黄→血——,电挟→雷攻→水火→并——。
　　　　　　　　△
鼓角→岂真→天上→降——,琛珠→合向→海王→倾——。
　　　△　　△
全凭→宝气→销→兵气——,此夕→蛟宫→万丈→明——。
　　　　△　　　　　　　　　△

【注意】

①"城下盟",屈辱条约,"城下"下行,"盟",稍重。"落潮声"屈服状态,"落"高起,下抑,接"潮"字,稍扬出"声"字,平收,表不得不如此。

②阴阳之战,血染大地。"玄黄"上行,"血"字下行,全上声。水陆炮火交织,如电闪雷鸣。"水"字近阳平,下接"火",近去声,"并"字再抑。

③进攻的鼓角声,并不突然,亦非奇兵。清军恐慌,不战而逃。"天上"由扬而抑,表否定,稍轻,稍长。珠宝一股脑儿都送给了在海上称王称霸的侵略者。"海王"由低而高,表不值。

④因赔款而求和,"宝"稍重,下行,表无能;"蛟",代英军,驻地灯光辉煌,欢庆胜利。"蛟"字阴平,高起,稍长,下行,暗色。"万丈明"不可重,不取夸张法。

50. 康有为《秋登越王台》

这首诗表达了诗人立马高台,欲展雄才的豪放之情、报国之心。为高亢型节奏。

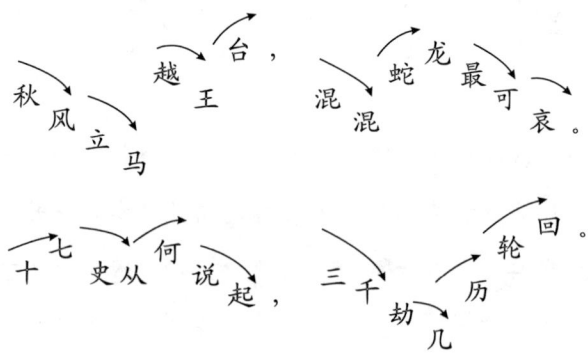

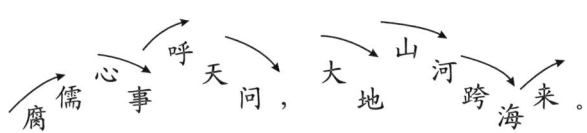

秋风→立马→越王→台——，混混→蛇龙→最→可哀——。
　　　　△△　　　　　　　　　△
十七史→从→何→说起——，三千劫→几→历→轮回——。
　　　　　　△　　　　　　　　　△
腐儒→心事→呼→天问——，大地→山河→跨→海来——。
　　　　　　△　　　　　　　　　　△
临眺→飞云→横→八表——，岂无→倚剑→叹→雄才——。
　　　　　　△　　　　　　　　　　△

【注意】

①"立马",雄姿英发,横空出世之气概。"蛇龙",埋没草野,十分可惜。"立马"下行,"马"字前半上,稍短。"蛇龙"上扬,表不甘寂寞。

②由盛而衰的历史,连绵不断的劫难,有什么可说? 能新生几次?"何"字上扬,"几"字低出稍长,再扬起接下文。

③不媚世俗的自己,只能向苍天倾诉心事。偌大国土,恐怕经不住现代文明越过大海之势头。"呼"高起上扬,"跨"下行。

④目前是飞云疾走,覆盖八荒,难道竟没有脱颖而出、倚天舞剑的英雄么?"横"扬起,超越之意,"叹"下行,召唤之意。诗人抱负,志在修身治国平天下。

51. 李白《登金陵凤凰台》

凤凰台上凤凰游,凤去台空江自流。
吴宫花草埋幽径,晋代衣冠成古丘。
三山半落青天外,一水中分白鹭洲。
总为浮云能蔽日,长安不见使人愁。

52. 杜甫《登高》

风急天高猿啸哀,渚清沙白鸟飞回。
无边落木萧萧下,不尽长江滚滚来。
万里悲秋常作客,百年多病独登台。
艰难苦恨繁霜鬓,潦倒新停浊酒杯。

53. 韩愈《左迁至蓝关示侄孙湘》

一封朝奏九重天,(指上书谏迎佛骨)
夕贬潮州路八千。
欲为圣明除弊事,
肯将衰朽惜残年!
云横秦岭家何在?
雪拥蓝关马不前。
知汝远来应有意,
好收吾骨瘴江边。

54. 白居易《欲与元八卜邻,先有是赠》

平生心迹最相亲,
欲隐墙东不为身。(墙东:避世之意)
明月好同三径夜,(三经:隐居之意)
绿杨宜作两家春。(绿杨:并宅之意)
每因暂出犹思伴,
岂得安居不择邻。
可独终身数相见,
子孙长作隔墙人。

55. 白居易《钱塘湖春行》

孤山寺北贾亭西,水面初平云脚低。
几处早莺争暖树,谁家新燕啄春泥。
乱花渐欲迷人眼,浅草才能没马蹄。
最爱湖东行不足,绿杨阴里白沙堤。

56. 李商隐《无题四首·其一》

来是空言去绝踪,月斜楼上五更钟。
梦为远别啼难唤,书被催成墨未浓。
蜡照半笼金翡翠,麝熏微度绣芙蓉。
刘郎已恨蓬山远,更隔蓬山一万重!

57. 李商隐《无题》

相见时难别亦难，
东风无力百花残。
春蚕到死丝方尽，
蜡炬成灰泪始干。
晓镜但愁云鬓改，
夜吟应觉月光寒。
蓬山此去无多路，（蓬山：海上三神山）
青鸟殷勤为探看。（青鸟：西王母信史）

58. 杜荀鹤《山中寡妇》

夫因兵死守蓬茅，麻苎衣衫鬓发焦。
桑柘废来犹纳税，田园荒后尚征苗。
时挑野菜和根煮，旋斫生柴带叶烧。
任是深山更深处，也应无计避征徭。

59. 张蠙《夏日题老将林亭》

百战功成翻爱静，侯门渐欲似仙家。
墙头雨细垂纤草，水面回风聚落花。
井放辘轳闲浸酒，笼开鹦鹉报煎茶。
几人图在凌烟阁，曾不交锋向塞沙？
（凌烟阁：唐太宗表彰功臣，绘像其上。）

60. 秋瑾《黄海舟中日人索句并见日俄战争地图》

> 万里乘风去复来,只身东海挟春雷。
> 忍看图画移颜色,肯使江山付劫灰。
> 浊酒不销忧国泪,救时应仗出群才。
> 拼将十万头颅血,须把乾坤力挽回!

以上诸首,由练习者自己理解、感受,并进行朗诵训练,反复体味。

知识梳理

朗诵者必须以细腻充沛的感情贯注其间,以强烈深刻的体味显露于外,才能造成更为广远的想象空间和瑰丽多彩的意境。

七绝与七律,比五绝与五律,平仄、对仗等要求更多了,声音上的起伏跌宕也丰富了不少。对于用气发声、吐字归音,要求更高了,控制力、疏密度当因诗而异地加强变化。

柒

古体诗以及词的朗诵

  古体诗,包括乐府等,长短不拘,句式不定,可以较自由地抒情、叙事,韵律也不那么严格,表达的自由度大了,那功力和技巧也许更有它不可或缺的作用。

  词,除了词牌的规定、韵律的要求、重叠对仗的格局之外,也有创作主体给予技巧处理的可能性空间。

柒 古体诗以及词的朗诵

特点

- 古体诗，包括乐府等，长短不拘，句式不定，可以较自由地抒情、叙事，韵律也不那么严格，表达的自由度大了，那功力和技巧也许更有它不可或缺的作用。

- 词，除了词牌的规定、韵律的要求、重叠对仗的格局之外，也有创作主体给予技巧处理的可能性空间。

朗诵要求

- 第一，开头要慢，交代清楚"始因"，即人、事、物、景的基本状况和基本情调。

- 第二，人、事、物、景有渐显和突显两类，要因词就义、由语生境，主次关系、浓淡分寸都要切实把握。

- 第三，坚持情动而声发，基调要对，语气要贴切。

- 第四，有全篇的宏观控制，微观的细腻处理。

- 第五，反复练习，找到恰当的处理方法。

- 第六，不必拘泥于标点，有时应一气呵成，有标点处可不停；有时揭示内涵，强调突出，又可在无标点处加以间歇。

柒 古体诗以及词的朗诵

格律诗的要求是十分严格的,因此,朗诵时既要符合格律,又要充分表达诗情、展现诗境,难度较大。但从另一方面看,格律诗有大体一致的规格,体现到有声语言上,基本上不大可能信马由缰、从心所欲,又比较好把握。

古体诗,包括乐府等,长短不拘,句式不定,可以较自由地抒情、叙事,韵律也不那么严格,掌握起来显得容易些,也正是这样,朗诵时就必须根据思想感情的变化,加以强化处理,表达的自由度大了,那功力和技巧也许更有它不可或缺的作用。

词,除了词牌的规定、韵律的要求、重叠对仗的格局之外,也有创作主体给予技巧处理的可能性空间。

古体诗和词的朗诵,也有其共性:

第一,开头要慢,不宜仓促出口,以便交代清楚"始因",即人、事、物、景的基本状况和基本情调,如不给人以清晰的印象,后面的词语就如断线风筝,令人摸不着头脑了。

第二,人、事、物、景有渐显和突显两类,要因词就义、由语生境,主次关系、浓淡分寸都要切实把握,不可囫囵吞枣、模棱两可。

第三，仍要坚持情动而声发，基调要对，语气要贴切，在此基础上，加大对比幅度、喷弹力度，以抑扬渲染氛围，以疏密显示变化，由内而外，切不可生硬、造作。

第四，必须有全篇的宏观控制，微观的细腻处理，二者缺一不可，既不要空泛笼统，又不要陷入细节，不知所终。

第五，如何朗诵，提示不可能太具体，应在前面训练要点的基本要领指导下自己琢磨，自己反复练习，找到恰当的处理方法。

第六，不必拘泥于标点，有时应一气呵成，有标点处可不停；有时揭示内涵，强调突出，又可在无标点处加以间歇，晓畅中有停顿，间歇时情思不断。

1. 北朝民歌《木兰诗》

唧唧复唧唧，（唧唧：叹息声）

木兰当户织。

不闻机杼声，（杼：读音为 zhù）

唯闻女叹息。

问女何所思，

问女何所忆。（以上为爷、娘所闻、所问）

女亦无所思，（以下为木兰所言）

女亦无所忆。

昨夜见军帖，（军帖：征兵的文书）

可汗大点兵。（可汗：读音为 kè hán）

军书十二卷，

卷卷有爷名。

阿爷无大儿,
木兰无长兄,
愿为市鞍马,（市：买）
从此替爷征。
东市买骏马,
西市买鞍鞯,（鞯：读音为jiān,马鞍下的垫子）
南市买辔头,（辔：读音为pèi,马笼头）
北市买长鞭。
旦辞爷娘去,
暮宿黄河边。
不闻爷娘唤女声,
但闻黄河流水鸣溅溅。
旦辞黄河去,
暮至黑山头。
不闻爷娘唤女声,
但闻燕山胡骑鸣啾啾。
万里赴戎机,
关山度若飞。
朔气传金柝,（柝：读音为tuò,三足一柄,日烧饭,晚打更）
寒光照铁衣。
将军百战死,
壮士十年归。
归来见天子,
天子坐明堂。
策勋十二转,（转：读音为zhuǎn,勋位升一级为一转）

赏赐百千强。
可汗问所欲,
"木兰不用尚书郎,
愿借明驼千里足,（明驼:行走迅速的骆驼）
送儿还故乡。"
爷娘闻女来,
出郭相扶将。
阿姊闻妹来,
当户理红妆。
小弟闻姊来,
磨刀霍霍向猪羊。
开我东阁门,
坐我西阁床。
脱我战时袍,
着我旧时装。
当窗理云鬓,
对镜帖花黄。　　（帖,即贴,金纸剪成花样,或黄色涂额）
出门看伙伴,
伙伴皆惊惶:
"同行十二年,
不知木兰是女郎!"
雄兔脚扑朔,
雌兔眼迷离。
两兔傍地走,
安能辨我是雄雌?

朗诵此诗,要在清晰的脉络中,突出木兰的思虑、果决、认真、勇敢、淳朴、喜悦、风趣等女性的英气、细腻,"忠""孝"两全的特点。区分叙述的差异、心理的变化、质朴的风格、刚健清新的色彩。特别注意几层转折,不可平淡,不可突兀。

2. 张若虚《春江花月夜》

春江潮水连海平,
海上明月共潮生。
滟滟随波千万里,
何处春江无月明?
江流宛转绕芳甸,
月照花林皆似霰。
空里流霜不觉飞,
汀上白沙看不见。
江天一色无纤尘,
皎皎空中孤月轮。
江畔何人初见月?
江月何年初照人?
人生代代无穷已,
江月年年只相似。
不知江月待何人,
但见长江送流水。
白云一片去悠悠,
青枫浦上不胜愁。
谁家今夜扁舟子?

何处相思明月楼？
可怜楼上月徘徊，
应照离人妆镜台。
玉户帘中卷不去，
捣衣砧上拂还来。
此时相望不相闻，
愿逐月华流照君。
鸿雁长飞光不度，
鱼龙潜跃水成文。
昨夜闲潭梦落花，
可怜春半不还家。
江水流春去欲尽，
江潭落月复西斜。
斜月沉沉藏海雾，
碣石潇湘无限路。
不知乘月几人归，
落月摇情满江树。

　　此三十六句，四句一转韵，共九个层次，层层衔接，心潮起伏。离妇思夫，游子思归，不过是感情的寄托，实质上是在揭示人生的哲理：人生虽然复杂，境遇虽有不同，但大自然是有无限生机的，"月"从照人的那一刻开始，就覆盖了天地、江海、花树、鱼雁，就呈现了悲欢离合、思念期盼的心绪。但，"月"是代代无穷的，年年相似的，人们可以扁舟泛海，可以乘月而归，一定要珍惜时光，放开眼光，不要辜负大自然的美景，不要放弃人生的感悟。

换韵,意味着情感的推进。要在体味具体的形象中,抒发具体的感情,切忌一个段落与另一个段落的隔断,切忌上一个段落和下一个段落语气雷同。

"江天一色无纤尘,皎皎空中孤月轮。江畔何人初见月?江月何年初照人?"是千古名句,一定要深沉、稳重,发思古之幽情,生人世之感慨,不要坐实,显得狭隘、浅薄。

3. 李白《蜀道难》

噫吁嚱,危乎高哉!(嚱:读音为 xī)
蜀道之难,难于上青天!

蚕丛及鱼凫,开国何茫然!(蜀国开国二帝)
尔来四万八千岁,不与秦塞通人烟。
西当太白有鸟道,可以横绝峨眉巅。
地崩山摧壮士死,然后天梯石栈相钩连。

上有六龙回日之高标,下有冲波逆折之回川。
黄鹤之飞尚不得过,猿猱欲度愁攀援。
青泥何盘盘,百步九折萦岩峦。
扪参历井仰胁息,以手抚膺坐长叹。(参、井均为星宿名)
问君西游何时还?畏途巉岩不可攀。
但见悲鸟号古木,雄飞雌从绕林间。(号:读音为 háo)
又闻子规啼夜月,愁空山。
蜀道之难,难于上青天,使人听此凋朱颜!

连峰去天不盈尺,枯松倒挂倚绝壁。
飞湍瀑流争喧豗,砯崖转石万壑雷。
　　(豗:读音为 huī,喧闹声。砯:读音为 pīng,水冲击声)
其险也若此,嗟尔远道之人胡为乎来哉!
剑阁峥嵘而崔嵬,一夫当关,万夫莫开。
所守或匪亲,化为狼与豺。(匪亲:不可靠)
朝避猛虎,夕避长蛇。
磨牙吮血,杀人如麻。
锦城虽云乐,不如早还家。
蜀道之难,难于上青天,侧身西望长咨嗟!

这首诗极力描写蜀道之难,以其"奇""险""凶",把神话、星宿、鸟兽、山川化入路途中,人至其间,寸步难行。朗诵时,一定要把诗中的环境、氛围、思绪、感叹充分表现出来。

如:

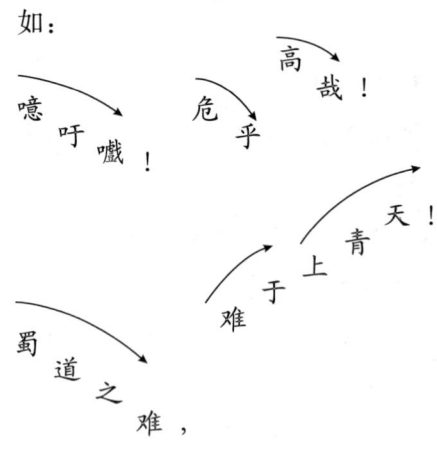

……

连峰去天不盈尺,

枯松倒挂倚绝壁。

飞湍瀑流争喧豗,

砯崖转石万壑雷。

……不如早还家。

锦城虽云乐,

蜀道之难,难于上青天,

侧身西望长咨嗟!

由于句式参差,不必字字用力,句句着意,要舍得把铺垫句、从属句快带快连,突出形象和感慨,使全句紧张而不匆忙,夸张而不轻飘。

4. 李白《梦游天姥吟留别》

海客谈瀛洲,　　(海客:航海归来的人。瀛洲:仙山名)
烟涛微茫信难求。
越人语天姥,　　(天姥:读音为 mǔ,浙江新昌之山名)
云霓明灭或可睹。
天姥连天向天横,
势拔五岳掩赤城。(赤城:浙江天台县山名)
天台四万八千丈,(天台:天台县山名)
对此欲倒东南倾。

我欲因之梦吴越,(吴越:单指越境)
一夜飞度镜湖月。(绍兴市东南)
湖月照我影,
送我至剡溪。　　(剡:读音为 shàn)
谢公宿处今尚在,(谢公:南朝谢灵运)
渌水荡漾清猿啼。
脚著谢公屐,　　(屐:读音为 jī,灵运自制木屐,上山去前
身登青云梯。　　　齿,下山去后齿)
半壁见海日,
空中闻天鸡。　　(天鸡:神话中第一个见日出之鸡)

千岩万转路不定,
迷花倚石忽已暝。
熊咆龙吟殷岩泉,
慄深林兮惊层巅。
云青青兮欲雨,
水澹澹兮生烟。
列缺霹雳,
丘峦崩摧。
洞天石扉,
訇然中开。　　　　　（訇:读音为 hōng）
青冥浩荡不见底,
日月照耀金银台。　　（金银台:仙人居住的楼台）
霓为衣兮风为马,
云之君兮纷纷而来下。（云之君:云神）
虎鼓瑟兮鸾回车,
仙之人兮列如麻。
忽魂悸以魄动,
怳惊起而长嗟。　　　（怳:恍）
惟觉时之枕席,
失向来之烟霞。

世间行乐亦如此,
古来万事东流水。
别君去兮何时还,

且放白鹿青崖间,
须行即骑访名山。
安能摧眉折腰事权贵,
使我不得开心颜。

这首诗是以梦境为主的浪漫主义诗作,但洋溢其间的追求自由的精神,令人获得美感的同时,却又产生了人生的慨叹。大自然的奥妙与梦中仙境的美好,造成了同人世间趋炎附势的强烈对比。诗情昂扬畅达,语言浑然一体。朗诵时应突出这一特色,纵横驰骋,亦真亦幻,高歌轻吟,情随物转。应力避拘泥实在、语气迟滞。

5. 李白《宣州谢朓楼饯别校书叔云》

弃我去者,
昨日之日不可留;
乱我心者,
今日之日多烦忧。
长风万里送秋雁,
对此可以酣高楼。
蓬莱文章建安骨,
中间小谢又清发。(小谢:即谢朓)
俱怀逸兴壮思飞,
欲上青天揽明月。

抽刀断水水更流,
举杯销愁愁更愁。
人生在世不称意,(称:读音为 chèn)
明朝散发弄扁舟。(发:读音为 fà)

这首诗作于唐天宝末年。诗人在宣城谢朓楼饯别秘书省校书郎李云,表达了日月难留、心绪忧愤的思想感情。但全诗充满了豪放坦荡的气势和慷慨激昂的情怀,而语言又是那样通俗易懂、跳脱生动,竟似脱口而出。朗诵中应注意时空变化,对比句要由内而外加强感受,不可只考虑语流自然和音韵铿锵。"长风"句要大开,"蓬莱"句要稍收,最后句要开阔。

6. 杜甫《兵车行》

车辚辚,马萧萧,
行人弓箭各在腰。
耶娘妻子走相送,(耶:爷)
尘埃不见咸阳桥。
牵衣顿足拦道哭,
哭声直上干云霄。(干:读音为 gān,冲犯)
道旁过者问行人,
行人但云点行频。(点行:按户征兵)
或从十五北防河,
便至四十西营田。

去时里正与裹头，（里正：里长。裹头：以三尺皂罗缠于头
归来头白还戍边。　上当头巾，出征年幼，不能自理）
边庭流血成海水，
武皇开边意未已。
君不闻汉家山东二百州，
千村万落生荆杞。
纵有健妇把锄犁，
禾生陇亩无东西。
况复秦兵耐苦战，
被驱不异犬与鸡。
长者虽有问，
役夫敢申恨？
且如今年冬，
未休关西卒。
县官急索租，
租税从何出？
信知生男恶，
反是生女好。
生女犹得嫁比邻，
生男埋没随百草！
君不见青海头，
古来白骨无人收。
新鬼烦冤旧鬼哭，
天阴雨湿声啾啾。

这首诗,揭露了唐朝天宝之后穷兵黩武、连年征战,给人民造成了深重灾难的现实,叙述了劳苦大众离乡背井、长年戍边的悲愤,描写了老弱妇孺无力耕作、田地荒芜的凄凉景象。语言形象准确,生动逼真,寓情于景于人,深沉凝重。朗诵时要真挚痛切,但不可过于张扬,于朴实中见真意,于含蓄中显激情。在叙事时,要有历史的厚重;在抒情时,要有思古的底蕴。

7. 杜甫《丽人行》

三月三日天气新,
长安水边多丽人。
志浓意远淑且真,
肌理细腻骨肉匀。
绣罗衣裳照暮春,
蹙金孔雀银麒麟。(蹙金:用金线刺绣之皱纹状织品)
头上何所有?
翠微𬜌叶垂鬓唇。(𬜌叶:读音为 èyè,花叶饰物)
背后何所见?
珠压腰衱稳称身。(衱:读音为 jié,衣后襟)
就中云幕椒房亲,
赐名大国虢与秦。(包括韩,共三夫人)
紫驼之峰出翠釜,
水精之盘行素鳞。
犀箸厌饫久未下,(饫:读音为 yù,饱足)
鸾刀缕切空纷纶。

黄门飞鞚不动尘,（鞚：读音为 kòng,驰马）
御厨络绎送八珍。
箫鼓哀吟感鬼神,
宾从杂遝实要津。（杂遝：杂沓,聚集也）
后来鞍马何逡巡,（暗指杨国忠）
当轩下马入锦茵。
杨花雪落覆白蘋,（北魏杨白花,被逼降梁）
青鸟飞去衔红巾。（青鸟为西王母使者,唐诗中多指红娘）
炙手可热势绝伦,
慎莫近前丞相嗔。

　　这首诗描写了唐朝政治腐败、荒淫无耻的宫廷权势,字字写实而不着任何评说,但那尖锐的抨击、深刻的讽刺尽在不言中。这表明作者艺术地表现社会生活的深厚功力。朗诵时要精细刻画人物的体态、着装、宴饮,更要在"后来鞍马何逡巡"之后,着意揭示杨国忠与虢国夫人等的招摇过市、放浪形骸。语出不必重,点染却要精。无一句贬斥,却又丝毫不觉在赞扬;看似夸耀,又带着浓烈的讥讽。我们要善于运用有声语言的表达技巧,学会冷嘲热讽又不失庄重的艺术处理。

8. 杜甫《茅屋为秋风所破歌》

八月秋高风怒号,
卷我屋上三重茅。
茅飞渡江洒江郊,

高者挂罥长林梢，
下者飘转沉塘坳。（坳：读音为 ào）
南村群童欺我老无力，
忍能对面为盗贼。
公然抱茅入竹去，
唇焦口燥呼不得，
归来倚杖自叹息。
俄顷风定云墨色，
秋天漠漠向昏黑。（黑：读音为 hè）
布衾多年冷似铁，（衾：读音为 qīn）
娇儿恶卧踏里裂。
床头屋漏无干处，
雨脚如麻未断绝。
自经丧乱少睡眠，
长夜沾湿何由彻！（彻：天亮）
安得广厦千万间，
大庇天下寒士俱欢颜！
风雨不动安如山。
呜呼！何时眼前突兀见此屋，吾庐独破受冻死亦足！

这首诗是诗人的亲身经历，属于记事抒情诗。风雨飘摇、破屋烂被的生活，令人痛楚；而战乱奔波、人民苦难激发了诗人深沉的人道主义、舍己为人的高尚精神和美好愿望。全诗主要描绘了个人的悲惨遭遇,但从"安得广厦千万间"开始,升华为对"天下寒士"的关注,甚至个人死不足惜的无私胸襟。朗诵时,先要体会诗人年老体弱,面对茅飞童欺、焦急哀叹的心情,还要体会屋漏床湿、布衾破裂、难以成眠、切盼天明的悲伤与无奈。当然,最后的呐喊与渴望、祈求与理想,更要深入体味,要充满对诗人精神境界的赞美之意。但,不必声嘶力竭,不必张扬自我,只要发自肺腑、热诚真挚,就能较好地给以表现。

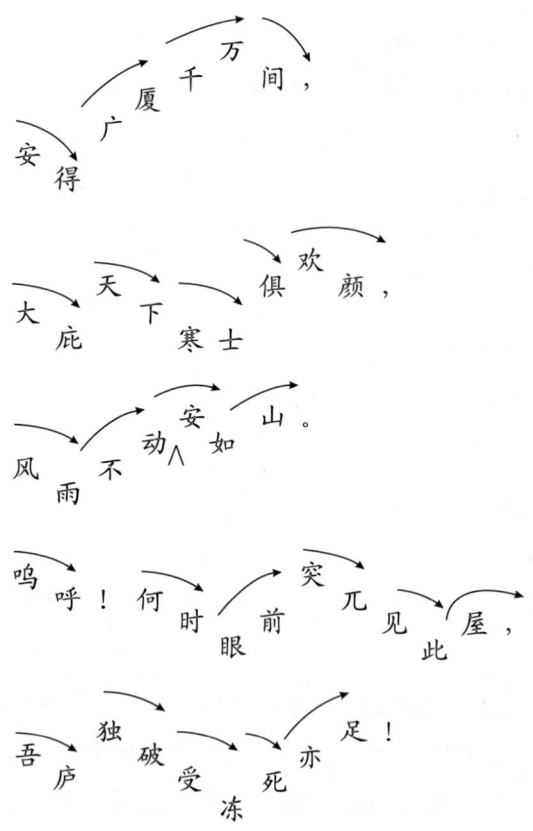

9. 岑参《白雪歌送武判官归京》

北风卷地白草折,
胡天八月即飞雪。
忽如一夜春风来,
千树万树梨花开。
散入珠帘湿罗幕,
狐裘不暖锦衾薄。
将军角弓不得控,（控：拉弓）
都护铁衣冷难着。（着：读音为 zhuó）
瀚海阑干百丈冰,
愁云惨淡万里凝。
中军置酒饮归客,（中军：主帅营地）
胡琴琵琶与羌笛。
纷纷暮雪下辕门,（辕门：军营大门）
风掣红旗冻不翻。
轮台东门送君去,
去时雪满天山路。
山回路转不见君,
雪上空留马行处。

这首诗是岑参再度出塞为武判官归京送别而作。判官为协助地方长官处理政务的文官。全诗用语豪放,意境开阔,景色奇特,余味无尽。北风胡地,冰封雪冷,军旗辕门,天寒情重,在诗画和谐中充满起伏跌宕、静动鲜活的节奏感。朗诵时,远景舒展,近景细腻,语气遒劲苍凉,高扬不飘,低迴不弱,显示出全诗的新颖独特。

10. 白居易《卖炭翁》

卖炭翁,
伐薪烧炭南山中。
满面尘灰烟火色,
两鬓苍苍十指黑。
卖炭得钱何所营?
身上衣裳口中食。
可怜身上衣正单,
心忧炭贱愿天寒。
夜来城外一尺雪,
晓驾炭车辗冰辙。
牛困人饥日已高,
市南门外泥中歇。
翩翩两骑来是谁?
黄衣使者白衫儿。
手把文书口称敕,
回车叱牛牵向北。
一车炭,千余斤,
宫使驱将惜不得。
半匹红纱一丈绫,
系向牛头充炭直。

这首诗是白居易《新乐府》组诗中的第三十二首。唐朝中期，官宦横行，为了采购宫中的物品，常派大批人马到各市场上强抢货物，以低价购买甚至分文不给，硬把货物拉走，还要逼迫卖方加送钱财给这些掠夺者，这就是所谓"宫市"，老百姓苦不堪言。卖炭翁的遭遇就是一个例子。诗人对卖炭翁充满了同情，对宫市充满了痛恨。全诗语言晓畅，叙事清晰，内涵深刻。朗诵时，不应以好懂为由，以自然为美，像现代白话那样去"说"，而要更加强化诗中的真情和韵律，字字血，句句泪，控诉之声发人深省，哀告无门令人愤怒。

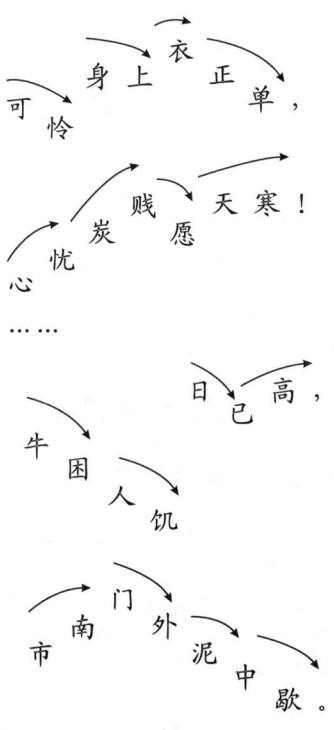

……

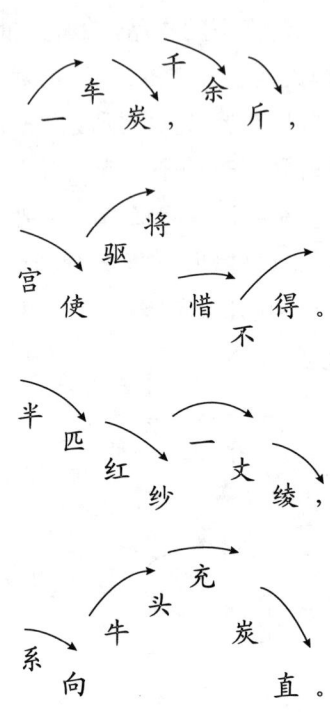

11. 白居易《长恨歌》

汉皇重色思倾国,（全诗纲领）
　△△△
御宇多年求不得。（开启悬念）
　△△
杨家有女初长成,（叙述杨贵妃）
　　　　△
养在深闺人未识。
　　△
天生丽质难自弃,（倾国之色）
　△

一朝选在君王侧。
回眸一笑百媚生,
六宫粉黛无颜色。
春寒赐浴华清池,
温泉水滑洗凝脂。
侍儿扶起娇无力,
始是新承恩泽时。
云鬓花颜金步摇,(宠爱有加)
芙蓉帐暖度春宵。
春宵苦短日高起,
从此君王不早朝。
承欢侍宴无闲暇,
春从春游夜专夜。
后宫佳丽三千人,
三千宠爱在一身。
金屋妆成娇侍夜,
玉楼宴罢醉和春。
姊妹兄弟皆列土,(举家受封)
可怜光彩生门户。
遂令天下父母心,
不重生男重生女。
骊宫高处入青云,(终日行乐)

仙乐风飘处处闻。
缓歌慢舞凝丝竹，
尽日君王看不足。（迷色失国）
渔阳鼙鼓动地来，（安史之乱）
惊破霓裳羽衣曲。（裳：读音为 cháng）
九重城阙烟尘生，
千乘万骑西南行。（乘：读音为 shèng）
翠华摇摇行复止，
西出都门百余里。（逃出京城）
六军不发无奈何，
宛转蛾眉马前死。（杨贵妃死于马嵬坡）
花钿委地无人收，（钿：读音 diàn）
翠翘金雀玉搔头。
君王掩面救不得，
回看血泪相和流。
黄埃散漫风萧索，（唐玄宗悲伤思念）
云栈萦纡登剑阁。
峨嵋山下少人行，
旌旗无光日色薄。
蜀江水碧蜀山青，
圣主朝朝暮暮情。
行宫见月伤心色，
夜雨闻铃肠断声。

天旋地转回龙驭，（还都路上）
到此踌躇不能去。
马嵬坡下泥土中，
不见玉颜空死处。
君臣相顾尽沾衣，
东望都门信马归。
归来池苑皆依旧，（睹物思人）
太液芙蓉未央柳。
芙蓉如面柳如眉，
对此如何不泪垂。
春风桃李花开日，
秋雨梧桐叶落时。
西宫南内多秋草，
落叶满阶红不扫。
梨园弟子白发新，（无人相伴）
椒房阿监青娥老。
夕殿萤飞思悄然，（悄：读音为qiǎo）
孤灯挑尽未成眠。
迟迟钟鼓初长夜，
耿耿星河欲曙天。
鸳鸯瓦冷霜华重，
翡翠衾寒谁与共。

悠悠生死别经年，（长久思念）
魂魄不曾来入梦。
临邛道士鸿都客，（精诚寻觅）
能以精诚致魂魄。
为感君王辗转思，
遂教方士殷勤觅。
排空驭气奔如电，
升天入地求之遍。
上穷碧落下黄泉，
两处茫茫皆不见。（未能找到）
忽闻海上有仙山，
山在虚无缥缈间。
楼阁玲珑五云起，
其中绰约多仙子。
中有一人字太真，（精诚所至）
雪肤花貌参差是。
金阙西厢叩玉扃，（扃：读音为 jiǒng，门）
转教小玉报双成。（小玉、双成：仙女名）
闻道汉家天子使，（终于有讯）
九华帐里梦魂惊。
揽衣推枕起徘徊，（急于问讯）
珠箔银屏迤逦开。
云鬓半偏新睡觉，（觉：读音为 jué）

花冠不整下堂来。
风吹仙袂飘飘举,
犹似霓裳羽衣舞。
玉容寂寞泪阑干,(痛苦思念)
梨花一枝春带雨。
含情凝睇谢君王,
一别音容两渺茫。
昭阳殿里恩爱绝,
蓬莱宫中日月长。
回头下望人寰处,
不见长安见尘雾。
唯将旧物表深情,(托物寄情)
钿合金钗寄将去。
钗留一股合一扇,
钗擘黄金合分钿。(擘:读音为bò,分开)
但教心似金钿坚,
天上人间会相见。
临别殷勤重寄词,
词中有誓两心知。
七月七日长生殿,(海誓山盟)
夜半无人私语时。
在天愿作比翼鸟,
在地愿为连理枝。(连理枝:两棵树枝干连生)

天长地久有时尽，
　　此恨绵绵无绝期。

　　这首长篇叙事诗，借"汉皇"即唐明皇与"杨家有女"即杨玉环的故事演绎成忠贞不渝、天上人间、悲欢离合的爱情之歌，缠绵悱恻、深切感人，事件情节的偶然性与真挚细腻的抒情性相结合，揭示了人间普遍的感情诉求，人人都可产生相似的体验，引起相应的共鸣，所以脍炙人口、流传至今。那种艺术的魅力和语言的张力，已经成为深刻的人生哲理性警句格言。朗诵这首诗，在理清全诗结构、脉络的基础上，应特别把握其基调，人物、事件均可只作动因，而感情、心境，必须成为主体，应予十分投入与生发。这样，就可以在"回溯"的观照中加深人物内心世界的丰富内涵，在"当前"的抒发中突现朗诵者感受情理的人文精神。

　　在朗诵这一类叙事诗时，不宜混同于现代白话诗的艺术处理，特别是人物和情节，更不要从"扮演"和"生动"的层面进行渲染，否则就会失去这一类叙事诗的精髓。

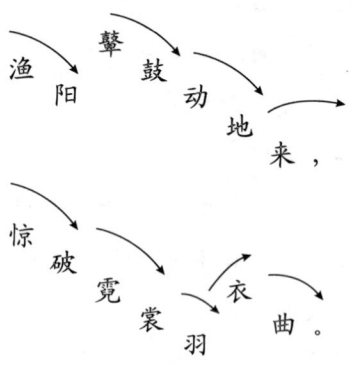

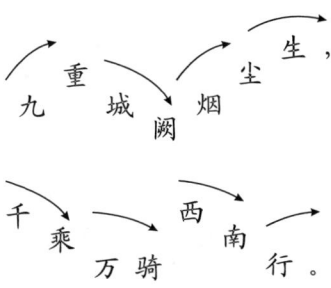

这四行,朗诵时的感受,要带有对历史事件的回溯,对当时情况的远观,以及"已知"的内心律动,完全不是"当前""未知"的那种突变和震撼。

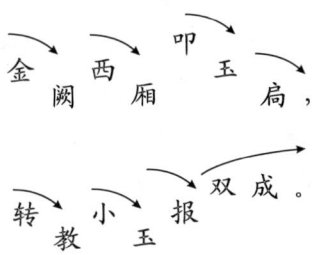

这两行,应是仙山仙女的浪漫色彩举止,并非真人真事的现实行为,用声应稍虚,节奏仍是舒缓的。如果声高语促,反而削弱了诗句的想象力。

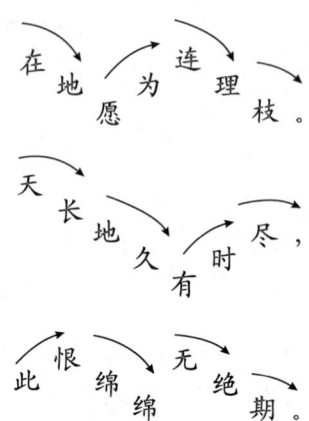

这四行,是一种"誓词"的艺术表现,朗诵时切不可坚定豪迈,而应真挚、赤诚,蕴蓄着千种曲折、万种婉转,令人对男女主人公的生死离别的心境产生暗淡、悠远的惆怅。

长诗的感受积累,如抽丝,如剥笋,一步一步、一句一句,渐渐入境、入情。不要在表层上强化效果,这正是"随风潜入夜,润物细无声",情理在其中,美感在其中。

12. 白居易《琵琶行》

浔阳江头夜送客,(浔阳:九江)
枫叶荻花秋瑟瑟。
主人下马客在船,
举酒欲饮无管弦。
醉不成欢惨将别,
别时茫茫江浸月。

忽闻水上琵琶声,
主人忘归客不发。
寻声暗问弹者谁,
琵琶声停欲语迟。
移船相近邀相见,
添酒回灯重开宴。
千呼万唤始出来,
犹抱琵琶半遮面。
转轴拨弦三两声,
未成曲调先有情。
弦弦掩抑声声思,
似诉平生不得志。
低眉信手续续弹,
说尽心中无限事。
轻拢慢捻抹复挑,　　（捻:读音为 niǎn。挑:读音为 tiǎo）
初为《霓裳》后《六么》。（裳:读音为 cháng。么:读音为 yāo）
大弦嘈嘈如急雨,
小弦切切如私语。
嘈嘈切切错杂弹,
大珠小珠落玉盘。
间关莺语花底滑,　　（间关:莺鸣婉转。滑:流畅）
幽咽泉流冰下难。　　（泉流:作泉水。难:艰难不畅）
冰泉冷涩弦凝绝,

凝绝不通声暂歇。
别有幽愁暗恨生,
此时无声胜有声。
银瓶乍破水浆迸,
铁骑突出刀枪鸣。
曲终收拨当心画,(画:弹琵琶的一种手法,又叫"扫")
四弦一声如裂帛。
东船西舫悄无言,(悄:读音为 qiǎo,寂静无声)
唯见江心秋月白。
沉吟放拨插弦中,
整顿衣裳起敛容。(裳:读音为 cháng,裙子)
自言"本是京城女,
家在虾蟆陵下住。
十三学得琵琶成,
名属教坊第一部。(教坊:读音为 jiāofáng,主管俳优杂技)
曲罢曾教善才伏,(教:读音为 jiào,同"叫"。善才:曲师。伏:赞扬)
妆成每被秋娘妒。(秋娘:青楼美妓通称)
五陵年少争缠头,(五陵年少:富家子弟。缠头:赏锦帛缠头上)
一曲红绡不知数。(绡:读音为 xiāo,生丝织成的薄绸)
钿头银篦击节碎,(钿:读音为 diàn)
血色罗裙翻酒污。

今年欢笑复明年,
秋月春风等闲度。
弟走从军阿姨死,
暮去朝来颜色故。(故:老)
门前冷落车马稀,
老大嫁作商人妇。
商人重利轻别离,
前月浮梁买茶去。(浮梁:江西景德镇)
去来江口守空船,
绕船月明江水寒。
夜深忽梦少年事,
梦啼妆泪红阑干。"(红阑干:泪水脂粉纵横)
我闻琵琶已叹息,
又闻此语重唧唧,(唧唧:叹息声)
同是天涯沦落人,
相逢何必曾相识!
"我从去年辞帝京,
谪居卧病浔阳城。
浔阳地僻无音乐,
终岁不闻丝竹声。
住近湓江地低湿,(湓:读音为 pén)
黄芦苦竹绕宅生。
其间旦暮闻何物?

杜鹃啼血猿哀鸣。
春江花朝秋月夜，（朝：读音为 zhāo）
往往取酒还独倾。
岂无山歌与村笛？
呕哑嘲哳难为听。（呕哑：读音为 ōyā。嘲哳：读音为 zhāozhā）
今夜闻君琵琶语，
如听仙乐耳暂明。
莫辞更坐弹一曲，
为君翻作《琵琶行》。"
感我此言良久立，
却坐促弦弦转急。
凄凄不似向前声，
满座重闻皆掩泣。
座中泣下谁最多？（座中：作"就中"，即"这当中"）
江州司马青衫湿！（九品文官，穿青色官服）

　　这首诗以两个人物"同是天涯沦落人"为纬，以"琵琶"为经，织就了一幅"平生不得志"的枫叶荻花秋月白的长卷，诗中有画，画中有乐，乐中有情，情中有泪。"琵琶女"是封建社会底层人物的代表，诗人是怀才不遇、被贬离京的知识分子的代表。身世不同，处境相似，强化了感情上的共鸣，表达了他们对社会的共识。而这一切，均以音乐形象、内心怨恨的描述为艺术表现，达到了独特的艺术效果。朗诵时，要舒缓地营造氛围、表现心境，凝重地展现乐曲的隐喻、感悟。用多层次的转折、具象化的想象,引发起伏的心潮,丰富抑扬的语感。着重拓开词语,制造清冷的语境,轻巧喷弹以衬托琵琶的音韵。不必高声倾诉,不必哽咽述说。

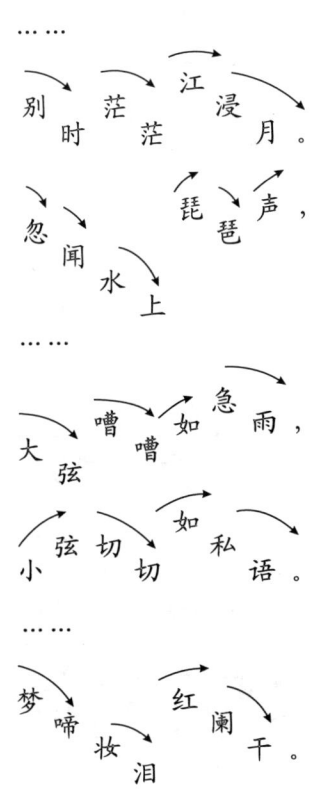

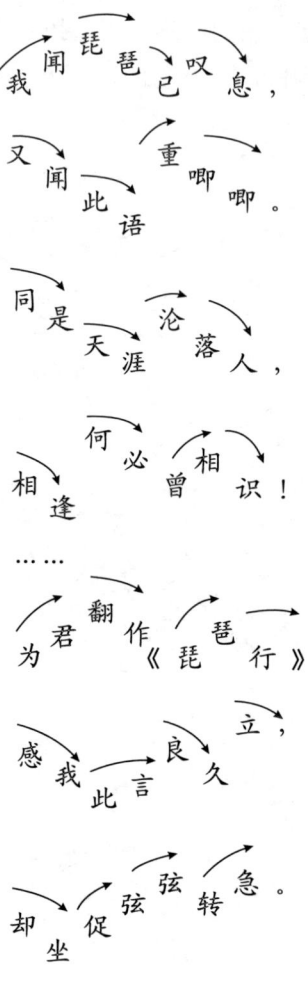

我闻琵琶已叹息,
又闻此语重唧唧。
同是天涯沦落人,
相逢何必曾相识!
……
为君翻作《琵琶行》
感我此言良久立,
却坐促弦弦转急。

……

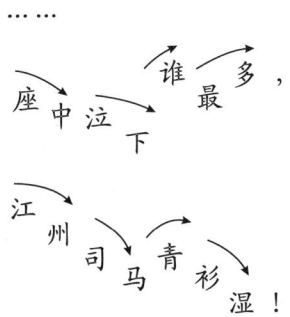

这首诗本题《琵琶引并序》,《序》中却写为《琵琶行》,"引"与"行"均是乐府歌辞的一体。为了更好地了解作者的创作意图,录其《序》供参考:"元和十年,予左迁江郡司马。明年秋,送客湓浦口。闻舟中夜弹琵琶者,听其音,铮铮然有京都声。问其人,本长安倡女。尝学琵琶于穆曹二善才,年长色衰,委身为贾人妇。遂命酒使快弹数曲,曲罢悯然。自叙少小时欢乐事,今漂沦憔悴,转徙于江湖间。予出官二年,恬然自安,感斯人言,是夕始觉有迁谪意。因为长句,歌以赠之,凡六百一十六言,命曰《琵琶行》。"

13. 白居易《忆江南》

江南好,
风景旧曾谙。(谙:读音为 ān,熟悉)
日出江花红胜火,
春来江水绿如蓝。
能不忆江南?

江南忆,
最忆是杭州。
山寺月中寻桂子,(灵隐寺多桂。中秋望月,往往子堕,以
　　　　　　　　　为月中桂子)
郡亭枕上看潮头。(郡亭:刺史郡衙亭上)
何日更重游?

江南忆,
其次忆吴宫。　(吴宫:吴王夫差为西施所建住宅)
吴酒一杯春竹叶,
吴娃双舞醉芙蓉。(吴娃:西施被称为娃,美女意)
早晚复相逢?

这首词是白居易晚年怀旧忆游之作,亲眼所见,切身感受,风光秀美,人物风流。抚今追昔,更望重现。情深意切,辞章优美。朗诵时要有回忆感,舒展宽松,三句问话,要有期待感,迫切坚实。

14. 韦庄《菩萨蛮》(五首)

其一

红楼别夜堪惆怅,
　△
香灯半卷流苏帐。(流苏:用丝线做成,下垂有穗)
　△
残月出门时,
　△△
美人和泪辞。
　△△

琵琶金翠羽,
弦上黄莺语。
劝我早归家,
绿窗人似花。

其二

人人尽说江南好,
游人只合江南老。
春水碧于天,
画船听雨眠。

垆边人似月,(垆:作罏,酒店置酒瓮之处)
皓腕凝霜雪。
未老莫还乡,
还乡须断肠。

其三

如今却忆江南乐,
当时年少春衫薄。
骑马依斜桥,
满楼红袖招。

翠屏金屈曲,(屈曲:屈戍,屏风折叠处之环纽)

醉入花丛宿。
△
此度见花枝,
△
白头誓不归。

其四

劝君今夜须沉醉,
△
樽前莫话明朝事。
△
珍重主人心,
△
酒深情亦深。
△

须愁春漏短,
△
莫诉金杯满。
△
遇酒且呵呵,(呵呵:内心空虚的笑声)
人生能几何。

其五

洛阳城里春光好,
△
洛阳才子他乡老。
△
柳暗魏王堤,(洛水溢为池,贞观中赐魏王泰,故名)
此时心转迷。
△

桃花春水渌,(渌:读音为 lù,清澈)
水上鸳鸯浴。
△△

凝恨对残晖,(凝恨:积恨)
忆君君不知。

这五首《菩萨蛮》是韦庄多年流离江浙一带,晚年在蜀回忆旧游之作,极为深沉地表达了离乡之苦。人如转蓬,心事浩茫,越是不能回乡,回乡之心越重。朗诵时要把诗人那种"似直而纡,似达而郁"的委婉曲折、举一反三的笔触表现出来。五首一气呵成,各处转换变化全靠语气、抑扬、疏密给以显现。表层看似重在男女之情,实则用以寄托故国之思。这类词不必读出政治,但一定要突出诗人的情思。在这一点上,既有传承的脉络,又有个人风格,朗诵时不可不察。

15. 范仲淹《苏幕遮》

碧云天,
黄叶地,
秋色连波,
波上寒烟翠。
山映斜阳天接水,
芳草无情,
更在斜阳外。

黯乡魂,
追旅思,
夜夜除非,

好梦留人睡。
△ △

明月楼高休独倚。
△

酒入愁肠，
△

化作相思泪。
△ △ △

这首词以开阔的意境抒写了悠远的乡思，秋景秾丽，游子愁重，却不使人消沉沦落。有一句应注意，打破行间停顿，却不违韵律：

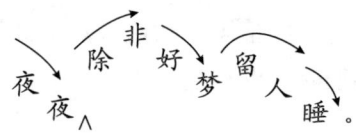

这种处理，在诗词中均有，有时声停意连，有时声连意断，朗诵时须仔细斟酌。

16. 范仲淹《渔家傲》

塞下秋来风景异，（塞下：任职陕西，抗击西夏之地）
衡阳雁去无留意。（雁南飞，不留恋）
四面边声连角起。
千嶂里，
长烟落日孤城闭。（延州为孤城，军力薄弱）

浊酒一杯家万里，
燕然未勒归无计。（燕然：山名。未勒：尚未刻石勒功）
羌管悠悠霜满地。（羌管：羌笛，发凄切之声）

人不寐,

将军白发征夫泪。(战事未有进展,将军、征夫乡思难已)

　　这首词是范仲淹在边塞所作,抗敌于仓促之间,胜负难以预料,情调苍凉悲壮,揭示了宋王朝消极防御的恶果,表现了作者忧国忧民的复杂心绪。朗诵时应细心体味,以凝重的节奏表达,不可低沉、缠绵。

17. 柳永《雨霖铃》

寒蝉凄切。

对长亭晚,　　(对—长亭—晚,顿挫之妙)

骤雨初歇。

都门帐饮无绪,(江淹《别赋》:"帐饮东都,送客金谷。")

留恋处,

兰舟催发。

执手相看泪眼,

竟无语凝噎。

念去去、　　(去去:重叠去声,一字一顿,声情激越)

千里烟波,

暮霭沉沉楚天阔。

多情自古伤离别,

更那堪冷落清秋节!

今宵酒醒何处?
△

杨柳岸、
△

晓风残月。（上四句紧密相连，意境拓开）
△ △

此去经年，

应是良辰好景虚设。
△

便纵有千种风情，
△ △

更与何人说？
△ △ △

这首词，是柳永描写从汴京南下时与恋人告别情景的作品，诗情哀婉，意境凄恻，成为柳永的代表作之一。特别是"杨柳岸、晓风残月"句，已经成为婉约派诗词的风格写照。

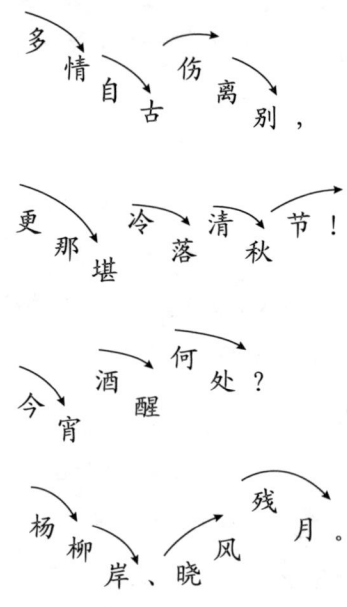

18. 柳永《蝶恋花》

伫倚危楼风细细，

望极春愁，

黯黯生天际。

草色烟光残照里，

无言谁会凭阑意。

拟把疏狂图一醉，

对酒当歌，

强乐还无味。

衣带渐宽终不悔，

为伊消得人憔悴。

　　作者以漂泊异乡的心境同怀念心中之人的思绪结合到一起，登楼极望，对酒强乐，却更加重了向往之情，而无法解脱。最后两句突兀道破，令人越觉情深义重。朗诵时应把全部景物和寄托放开抒发而令人不知所终，到最后一个"伊"字，语出惊人：原来如此！而"伊"字竟又可代国、代家、代理想……

19. 柳永《望海潮》

东南形胜，

三吴都会，　　（三吴：吴兴、吴郡、会稽）

钱塘自古繁华。（钱塘：杭州）

烟柳画桥，

风帘翠幕，

参差十万人家。

云树绕堤沙。

怒涛卷霜雪，

天堑无涯。

市列珠玑，

户盈罗绮，

竞豪奢。

重湖叠巘清嘉，（重湖：西湖里外湖。叠巘：灵隐南屏等山）

有三秋桂子，

十里荷花。

羌管弄晴，

菱歌泛夜，

嬉嬉钓叟莲娃。（娃：姑娘）

千骑拥高牙。（赞两浙转运使孙何。高牙：牙旗）

乘醉听箫鼓，

吟赏烟霞。

异日图将好景，

归去凤池夸。（凤池：帝苑凤凰池，含孙何入朝之意）

作者以此词赠两浙转运使孙何，故有几句赞扬之辞。全词描绘了杭州的繁荣景象和美丽风光。风格上远离了纤艳,几近豪放。朗诵时要营造广阔的时空氛围,并具现形象的情景话语,大而不泛,小而不狭。

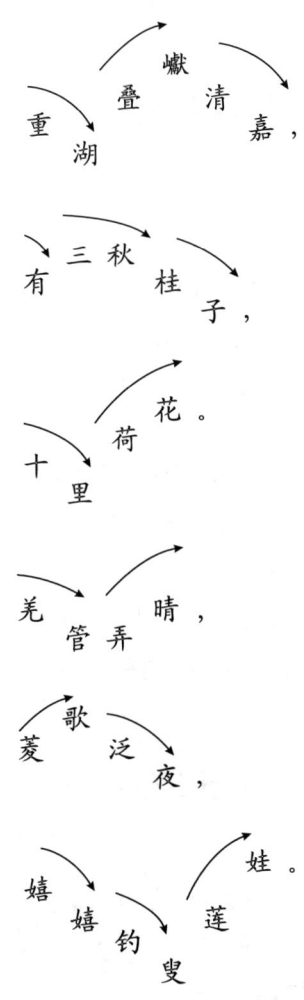

20. 晏殊《蝶恋花》

槛菊愁烟兰泣露，
△

罗幕轻寒，
△

燕子双飞去。
△

明月不谙离恨苦，
△

斜光到晓穿朱户。

昨夜西风凋碧树，
△

独上高楼，
△

望尽天涯路。

欲寄彩笺兼尺素，

山长水阔知何处！
△△△

作者的伤别离、怀远人的情思，融化在广阔的境界中，深切含蓄，委婉清凄。景色苍凉，心绪凝重，却并不消沉。朗诵时不可懒散柔弱。

21. 宋祁《木兰花》

东城渐觉风光好，

縠皱波纹迎客棹。（縠：读音为 hú，绉纱。棹：读音为 zhào，船桨）

绿杨烟外晓寒轻，

红杏枝头春意闹。

浮生长恨欢娱少,
肯爱千金轻一笑。
为君持酒劝斜阳,
且向花间留晚照。

宋祁因此词而得"红杏尚书"之名。这首词表现了在春光明媚、桃红柳绿的盎然生机中,作者内心少有欢娱的情怀。千金不惜,力劝斜阳,多留一点春光,多给一些愉悦。朗诵时注意前片的心旷神怡,后片的惜春慨叹。

22. 欧阳修《蝶恋花》

庭院深深深几许?
杨柳堆烟,
帘幕无重数。
玉勒雕鞍游冶处,
楼高不见章台路。(章台路:汉长安章台街,后借指游冶处)

雨横风狂三月暮。
门掩黄昏,
无计留春住。
泪眼问花花不语,
乱红飞过秋千去。(乱:纷繁)

此词写闺中女子的孤单幽怨,院深楼高,春去花飞。意境高远,词句精炼。朗诵时应字斟句酌、感受具体,不必追求标点停顿。

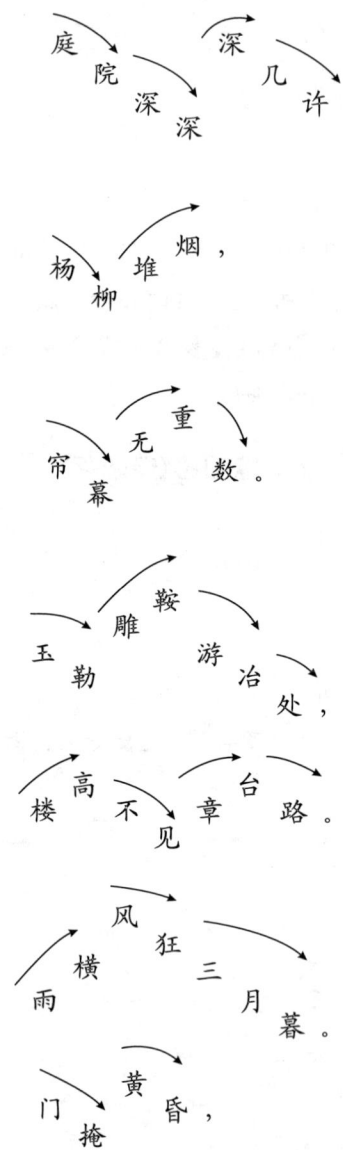

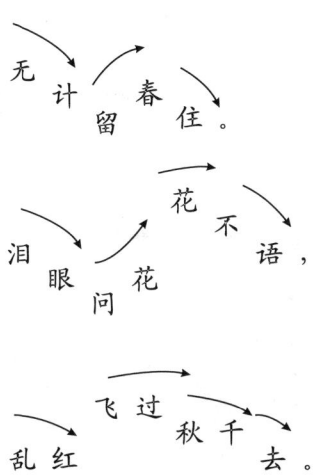

23. 王安石《桂枝香》

登临送目,
△
正故国晚秋,
△
天气初肃。
　　△
千里澄江似练,
　　　△
翠峰如簇。
　　△
征帆去棹残阳里,
背西风酒旗斜矗。
　　　　　△
彩舟云淡,
　△
星河鹭起,
　△
画图难足。
　△△

念往昔,
　△

繁华竞逐。
△
叹门外楼头,(门外:敌人已逼近。楼头:犹贪恋美色)
悲恨相续。
△△
千古凭高对此,
谩嗟荣辱。（谩:读音为 màn,徒然）
△
六朝旧事随流水,
△
但寒烟衰草凝绿。
至今商女,（商女:歌女）
时时犹唱,
△△
《后庭》遗曲。(南朝后主陈叔宝喜《玉树后庭花》曲)
△△ △

　　作者在南朝古都、金陵盛地,观秋景,叹兴亡,境界广远,感慨深沉。朗诵时,要高屋建瓴,大开大合。切忌低回缠绵,促急轻飘。

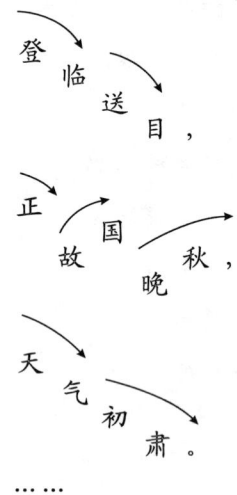

登临送目,

正故国晚秋,

天气初肃。

……

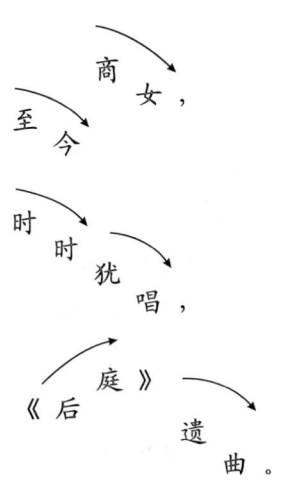

24. 苏轼《水调歌头》

——"丙辰中秋,欢饮达旦,大醉,作此篇。兼怀子由。"

明月几时有?
把酒问青天。
不知天上宫阙,
今夕是何年。
我欲乘风归去,
又恐琼楼玉宇,
高处不胜寒。
起舞弄清影,
何似在人间!

转朱阁,
低绮户,
照无眠。
不应有恨,
何事长向别时圆?
人有悲欢离合,
月有阴晴圆缺,
此事古难全。
但愿人长久,
千里共婵娟。

  此词为中秋怀人的名篇,用语通俗,词意晓畅,想象飞腾,境界宏大。作者把"羽化登仙"的出世思想同"何似在人间"的入世理想结合起来,旷达豪爽,乐观情深。朗诵时必须控纵自如,洒脱自在,语境具体,词情通达。不要故作精深,拘泥声律。

25. 苏轼《念奴娇·赤壁怀古》

大江东去,
浪淘尽、
千古风流人物。
故垒西边,
人道是、
三国周郎赤壁。
乱石崩云,   (一本"乱石穿空")

惊涛裂岸， （一本"惊涛拍岸"）
卷起千堆雪。
江山如画，
一时多少豪杰！

遥想公瑾当年，
小乔初嫁了， （了：读音为 liǎo）
雄姿英发。 （发：读音为 fā）
羽扇纶巾， （纶：读音为 guān，纶巾：青丝带头巾）
谈笑间、
樯橹灰飞烟灭。（樯橹：读音为 qiánglǔ，战船）
故国神游，
多情应笑我、
早生华发。 （发：读音为 fà）
人间如梦， （一本"人生如梦"）
一樽还酹江月。（酹：读音为 lèi，以酒洒祭）

这首词为怀古之作，表达了作者对赤壁之战、周瑜风采的赞叹和渴慕周郎复出、强盛国力，却壮志不伸的感慨。全词气势磅礴、豪放雄浑，朗诵时宜稳健沉着，高亢坚实，舒缓悠长。

引俞文豹《吹剑录》一段话供参考："东坡在玉堂日，有幕士善歌，因问：'我词何如柳七？'对曰'柳郎中词，只合十七八女郎，执红牙板，歌"杨柳岸晓风残月"。学士词，须关西大汉，（执）铜琵琶，铁绰板，唱"大江东去"。'"

26. 苏轼《卜算子·黄州定慧院寓居作》

缺月挂疏桐，
漏断人初静。
谁见幽人独往来，
缥缈孤鸿影。

惊起却回头，
有恨无人省。　　（省：读音为 xǐng）
拣尽寒枝不肯栖，（栖：读音为 qī）
寂寞沙洲冷。

　　苏轼与王安石政见不合，出狱后被贬为黄州团练副使。心中幽恨，清冷寂寞，作此词以抒怀，寓意高远，运笔空灵，超越前贤。朗诵时重在"孤鸿"，用以自喻。

27. 秦观《鹊桥仙》

纤云弄巧，
飞星传恨，
银汉迢迢暗渡。
金风玉露一相逢，
便胜却人间无数。
柔情似水，
佳期如梦，

忍顾鹊桥归路。

两情若是久长时，

又岂在朝朝暮暮。

    这首词专写"七夕"之事，着力表达两情诚笃，一相逢胜无数相会，不在于天天相处。既是神话，却不落俗套，离别之苦、思念之切，不过是"常理"，其真正意义还是"情"之长短。深刻的人生感悟，警示着多么丰富充实的理念。朗诵时，紧紧抓住对比的强烈，感情的浓烈，使这首词造成震撼心魄的魅力，竟可作山盟海誓的座右铭。

28. 秦观《踏莎行》 （莎：读音为 suō）

雾失楼台，

月迷津度，

桃源望断无寻处。

可堪孤馆闭春寒，

杜鹃声里斜阳暮。

驿寄梅花，

鱼传尺素，

砌成此恨无重数。

郴江幸自绕郴山，

为谁流下潇湘去？

这首词是秦少游接连被贬,削去所有官职和俸禄,贬至郴州所作,委婉曲折地表达了被贬谪的怨恨。最后两句,以自然之山水,推及自身的遭遇,更是隐喻恰切,设问奇特,令人无限感慨,拍案叫绝。

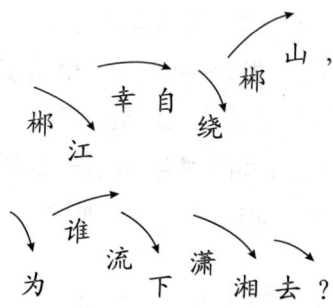

29. 周邦彦《少年游》

并刀如水,(并州产的刀,特别锋利)
△
吴盐胜雪,(吴地产的盐,质量极好)
△
纤手破新橙。
　　　△
锦幄初温,
兽烟不断,(兽形香炉中透出的烟雾)
相对坐调笙。
　　△

低声问:
△
向谁行宿?
城上已三更。
　　△

马滑霜浓,
不如休去,
直是少人行。

这首词语工意新,刻画入微,亲切和谐,温情脉脉,艳而不俗,细而不杂。朗诵时要具体体味,务使人与境合,情与语切。

30. 李清照《如梦令》二首

(1)常记溪亭日暮,
　　沉醉不知归路。
　　兴尽晚回舟,
　　误入藕花深处。
　　争渡,
　　争渡,
　　惊起一滩鸥鹭。

(2)昨夜雨疏风骤,
　　浓睡不消残酒。
　　试问卷帘人,
　　——却道"海棠依旧"。
　　知否?
　　知否?
　　应是绿肥红瘦!

这两首词,都是截取了生活中的一个小片段,融入了作者的亲身感受,用质朴、精练的语言写成的,情景和谐,问答直切,各是一幅美妙的图画。朗诵时,理清前因后果,充实词语内涵,注意第一首的"偶然生出情趣"和第二首的"必然引发怜惜",词牌虽一,基调各异。

31. 李清照《醉花阴》

薄雾浓云愁永昼,

瑞脑消金兽。(金兽形炉中有瑞脑香的青烟)

佳节又重阳,

玉枕纱厨,

半夜凉初透。

东篱把酒黄昏后,

有暗香盈袖。(菊花香气袭人)

莫道不消魂,

帘卷西风,

人比黄花瘦。(菊花瓣长枝细)

这首词是抒发作者在深秋的孤寂中思念丈夫的心情,用意独特,取词佳妙。朗诵时要把秋色、佳节、孤单、思绪融入词句中,扬起为辅,下抑为主。

32. 李清照《声声慢》

寻寻觅觅,

冷冷清清,

凄凄惨惨戚戚。

乍暖还寒时候,　　（早晨朝阳初出,但晓风仍冷）

最难将息。

三杯两盏淡酒,　　（晨酒,即"扶头卯酒"）

怎敌他晓来风急?　（晓,通行本作"晚",不取）

雁过也,

正伤心,

却是旧时相识。

满地黄花堆积,

憔悴损,

如今有谁堪摘?

守着窗儿独自,　　（"独自"可与下句贯通）

怎生得黑!

梧桐更兼细雨,

到黄昏,

点点滴滴,

这次第,

怎一个愁字了得!

这首词以一连串迭字开篇,引人入胜。从早到晚,贯穿一个"愁"字,却包容着无限惨淡孤苦,声色和合,动静皆宜,成为脍炙人口的佳作,情调悲怆,笔力凝重。朗诵时应尽力铺排、奔放开阖,切不可被婉约风格束缚。

33. 岳飞《满江红》

怒发冲冠,

凭栏处、

潇潇雨歇。

抬望眼,

仰天长啸,

壮怀激烈。

三十功名尘与土,

八千里路云和月。

莫等闲、

白了少年头,

空悲切。

靖康耻,

犹未雪。

臣子恨,

何时灭!

驾长车,

踏破贺兰山缺。
壮志饥餐胡虏肉，
笑谈渴饮匈奴血。
待从头收拾旧山河，
朝天阙。

这首词是岳飞在南宋初建、身负重任的时候写成的。岳飞豪气凌云，壮志如山，报仇心切，复国血热。这首词表现了抗金将领的主战心声，表达了人民群众反抗外族入侵的强烈愿望。朗诵时要气壮山河，但不必声嘶力竭；蔑视敌人，但不讥笑鄙薄。"胡虏""匈奴"均为修辞借代，而非指整个民族，不必以史解文，望文生义。

34. 陆游、唐琬《钗头凤》二首

红酥手，　　（红酥：红润松软）
黄縢酒。　　（縢：读音为 téng，封缄）
满城春色宫墙柳。
东风恶，
欢情薄。
一怀愁绪，
几年离索。　（离索：离群独居）
错，
错，

错!

春如旧,
人空瘦。
泪痕红浥鲛绡透。(浥:读音为 yì,湿润。鲛绡:读音为 jiāo xiāo,海上鲛人所织薄纱帕,不易渗水)
桃花落,
闲池阁。
山盟虽在,
锦书难托。
莫,
莫,
莫!

　　这首词是陆游自己爱情悲剧的写照。在与唐琬结婚后,二人感情很好;后因母亲所逼,被迫分离。有一次在春游沈园时二人不期而遇,唐琬以酒相待。陆游伤感满怀,在园壁上题《钗头凤》一首。唐琬和词一首:

世情薄,
人情恶。
雨送黄昏花易落。
晓风乾,(乾:干)
泪痕残。

欲笺心事,
独语斜阑。
难,
难,
难!

人成各,　　　　　（各奔东西）
今非昨。　　　　　（今非昔比）
病魂常似秋千索。　（秋千索：秋千架上绳索）
角声寒,
夜阑珊。　　　　　（阑珊：将尽）
怕人寻问,
咽泪装欢。　　　　（咽下泪水,强颜欢笑）
瞒,　　　　　　　（深藏心底之意）
瞒,
瞒!

不久,唐琬抑郁而逝。

　　陆词凄怆酸楚,唐词缠绵执着,写尽人世炎凉、心态曲折的境遇和苦痛。朗诵时要细心把握二人的相似处和相异处,特别是陆词中的愧悔,唐词中的委屈,应给以人格美化的表现,以形成对封建礼教的控诉,不必一味只向对方倾诉,不可只是表现无奈。

如：

东风恶，

欢情薄。

一怀愁绪，

几年离索。

错，错，错！

如：

角声寒，

夜阑珊。

怕人寻问，

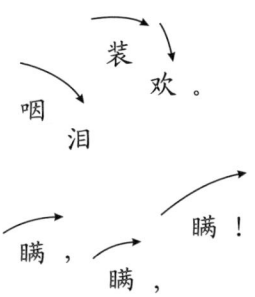

35. 陆游《卜算子·咏梅》

驿外断桥边,
寂寞开无主。
已是黄昏独自愁,
更着风和雨。(着:遭到,受到)

无意苦争春,
一任群芳妒。
零落成泥碾作尘,
只有香如故。

这首词借梅言志,以各种恶劣的环境相衬,突显梅花的性格、志趣、无畏和坚贞。朗诵时应以正气凛然、冷对威压的感受,坚实洒脱的语气表现梅花的高洁品格。

36. 辛弃疾《摸鱼儿》

更能消几番风雨?

匆匆春又归去。
惜春长怕花开早,
何况落红无数。
春且住。
见说道、
天涯芳草无归路。
怨春不语。
算只有殷勤,
画檐蛛网,
尽日惹飞絮。

长门事,　　　　　（汉武之陈皇后失宠,打入长门宫）
准拟佳期又误。
蛾眉曾有人妒。
千金纵买相如赋,　（陈皇后重金买得司马相如《长门赋》）
脉脉此情谁诉?
君莫舞。
君不见、
玉环飞燕皆尘土!　（杨玉环、赵飞燕,终归荒野）
闲愁最苦。
休去倚危栏,
斜阳正在,
烟柳断肠处。

这首词写于抗战派长期受压、作者壮志不伸,更从鄂调湘,远离前线,同僚为其饯行之时。春意将尽,美人迟暮;多少往事历历在目,眼前现实耿耿于怀,但总被人妒,殷勤也惹人厌,只好生活在最苦的闲愁中,为国事忧,为志向忧。朗诵时,应把报国肝胆、沸腾的热情同国家患难、前途渺茫融入曲折的词语中,字字血,声声泪,豪情满怀,殷勤无力,展现作者的胸襟与境界。

37. 辛弃疾《青玉案》

东风夜放花千树, （固定的灯光）
更吹落,
星如雨。 （流动的焰火）
宝马雕车香满路。
凤箫声动,
玉壶光转,
一夜鱼龙舞。 （一夜,才有可能寻他千百度,呼应）

蛾儿雪柳黄金缕, （闹蛾儿、雪柳:头上装饰）
笑语盈盈暗香去。
众里寻他千百度,
——蓦然回首,
那人却在,
灯火阑珊处。

这首词表现了上元灯节热火朝天、人群熙攘的场面，更加突显了在灯火阑珊处的"他"，从而极其浓重地渲染了"寻他"的人情有独钟、痴心执着的强烈愿望与深切感情。朗诵时，一定要先描绘火树银花、鱼龙飞舞的情景，然后转入盈盈众女之姣好，一切均似不经意，再突出主题，坚定而惊喜。蓄势之法，由此可得。

38. 辛弃疾《沁园春》
——将止酒，戒酒杯使勿近

杯汝来前！　　（怒声呼唤）

老子今朝，　　（老子：老夫）

点检形骸。　　（检查身体）

甚长年抱渴，　（长年口渴）

咽如焦釜；　　（嗓子如烧干的铁锅）

于今喜睡，　　（近日好睡）

气似奔雷。　　（鼾声如雷）

汝说"刘伶，　（刘伶，《晋书》有传，好酒，有"死便埋我"之语）

古今达者，

醉后何妨死便埋。"

浑如此，

叹汝于知己，（曾为知己）

真少恩哉！　（太不够意思了！）

更凭歌舞为媒，　　（常因歌舞而饮酒）

算作人间鸩毒猜。　　（也曾当作鸩毒而生疑。鸩：zhèn）
况怨无大小，　　　　（怨无论多大）
生于所爱；　　　　　（爱极而生）
物无美恶，　　　　　（事物无论多好）
过则为灾。　　　　　（过度就成灾）
与汝成言，　　　　　（跟你明说吧）
勿留亟退，　　　　　（不要再留，快快退下！）
吾力犹能肆汝杯。　　（处死后陈尸于市曰肆。此指摔碎）
杯再拜，
道"麾之即去，　　　（不要我，马上就走）
招则须来。"　　　　（需要我，肯定再来）

这首词是作者采取拟人化手法，塑造了"杯"的喜剧形象。杯主人前后态度不一，前骄而后馁。这一切都是由于主人"借酒浇愁"，壮志未酬，政治失意，极度苦闷，牢骚满腹，而"借杯抒怀"。不得已而戒酒，无酒何以消愁，矛盾而自嘲。朗诵时应以喜中隐悲为主调，令人听之先喜后悲，不可以调侃口吻，作滑稽表演。

39. 辛弃疾《丑奴儿》
——书博山道中壁

少年不识愁滋味，
爱上层楼。
爱上层楼，

为赋新词强说愁。
　　　△

而今识尽愁滋味，
　　△
欲说还休。
△
欲说还休，
△
却道天凉好个秋。
　　△△△

作者被弹劾后，闲居常游博山道。心中郁闷，无意风光。此词以"愁"为核心，分"强说"和"欲说"两片，而其原因，在于"不识"在先，"识尽"在后。欲说而不说，"愁"甚重、甚多，却只说"天气"，苦之极也，"秋"，悲情所寄。朗诵时要注意凝重的心态，举重若轻的语气。

40. 辛弃疾《破阵子》
　　——为陈同甫赋壮词以寄

醉里挑灯看剑，
△
梦回吹角连营。
△ △
八百里分麾下炙，（分食将军给的烤牛肉）
　　　△
五十弦翻塞外声，（战斗的乐曲）
　　△
沙场秋点兵。
　　△

马作的卢飞快，（刘备有"的卢神骏"，"的卢"读音为 dìlú，
　△△　　　　　快马）
弓如霹雳弦惊。
　　△△

了却君王天下事,
赢得生前身后名。
可怜白发生!

这首词是作者在陈同甫(即陈亮,人称龙川先生)访后所作。整首词均是醉梦中事,表现了抗敌的雄心壮志,最后一句陡然点明,白发已生而现实令人心冷。朗诵时先要渲染战场的壮烈场面,昂扬激越,最后一句,低沉而缓慢,余味无穷。

41. 辛弃疾《永遇乐》
——京口北固亭怀古

千古江山,
英雄无觅,
孙仲谋处。　　(孙权曾建都于京口,抗曹拓疆)
舞榭歌台,
风流总被,
雨打风吹去。
斜阳草树,
寻常巷陌,
人道寄奴曾住。(寄奴:南朝宋武帝刘裕的小名)
想当年,　　　(两度挥戈北伐)
金戈铁马,　　(率兵驰骋中原)
气吞万里如虎。(打败西秦、后燕,收复黄河南大片土地)

元嘉草草，　　（元嘉：刘裕子宋文帝年号，三次北伐均败）
封狼居胥，　　（狼居胥：山名，在内蒙古。欲效霍去病，功成封禅）
赢得仓皇北顾。（招致北魏大兵压境，文帝登石头城北望）
四十三年，　　（我率众南归，已四十三年）
望中犹记，　　（还记得当时）
烽火扬州路。　（金兵妄图从扬州渡江南犯，铁蹄依稀可见）
可堪回首，
佛狸祠下，　　（佛狸：读音为 bì lí，北魏太武帝小名，民间名其所建行宫）
一片神鸦社鼓！（吃祭品的乌鸦，祭神的鼓声）
凭谁问：
廉颇老矣，　　（廉颇：战国时赵国名将）
尚能饭否？　　（赵王遣使探问，当面吃一斗半的饭，十斤肉）

这首词是作者任镇江府知府，镇守京口（今江苏镇江）时所作。他在为北伐做准备，但忧心忡忡。借登临怀古，抒发自己的雄心，因不遇明主，无法参战，而羡慕孙权、刘裕和廉颇。全词用典虽多，但精当恰切，使这首词辞约义丰，感慨沉郁。朗诵者要在气势恢宏中把握典故的含意，揭示典故情景中流露的浓烈感情。

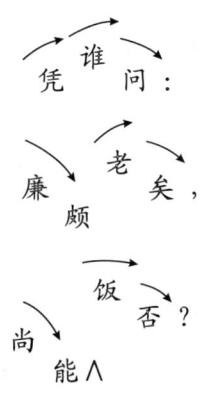

42. 陈亮《念奴娇·登多景楼》

危楼还望,
叹此意、　　(恢复江山之意)
今古几人曾会?
鬼设神施,　　(山川险要)
浑认作、　　(竟然当成)
天限南疆北界。(南北边界,而非攻取之屏障)
一水横陈,
连岗三面,
做出争雄势。(其势如虎出穴,而非若穴之藏虎)
六朝何事,　　(六朝统治者做了些什么)
只成门户私计?(为少数人私利苟且偷安)

因笑王谢诸人,(借东晋大族,空言无行)

登高怀远，
　也学英雄涕。　（豪言洒泪，不思进取）
凭却长江，
　管不到、
河洛腥膻无际。　（中原人民呻吟于异族铁蹄下）
正好长驱，
不须反顾，
　寻取中流誓。　（学祖逖北伐，渡江击楫而誓）
小儿破贼，　　　（淝水之战，谢安侄谢玄击败苻坚大军）
势成宁问强对！　（攻势成，不必顾虑对方强大）

这首词是作者到镇江考察形势，向朝廷陈述抗敌策略时所作。多景楼在北固山上。全词正气凛然、雄心勃勃，借古论今，极言不应苟安，大声疾呼要乘山川之险破敌收复中原。朗诵时，要体会大将战前之英姿，信心百倍的豪情，胜利在握的判断，纵论古今成败的胸襟。语气高亢坚实，基调洒脱从容。

➡ 知识梳理

　　古体诗，包括乐府等，长短不拘，句式不定，可以较自由地抒情、叙事，韵律也不那么严格，表达的自由度大了，那功力和技巧也许更有它不可或缺的作用。
　　词，除了词牌的规定、韵律的要求、重叠对仗的格局之外，也有创作主体给予技巧处理的可能性空间。
　　古体诗和词的朗诵，有其共性：

第一,开头要慢,交代清楚"始因",即人、事、物、景的基本状况和基本情调。

第二,人、事、物、景有渐显和突显两类,要因词就义、由语生境,主次关系、浓淡分寸都要切实把握。

第三,坚持情动而声发,基调要对,语气要贴切。

第四,有全篇的宏观控制,微观的细腻处理。

第五,反复练习,找到恰当的处理方法。

第六,不必拘泥于标点,有时应一气呵成,有标点处可不停;有时揭示内涵,强调突出,又可在无标点处加以间歇。

捌

现代自由体诗的朗诵

现代自由体诗的朗诵者要在词语的解读、诗行的联系、诗意的畅达、诗情的抒发、诗境的开拓方面,引发充分的联想,提高语言的功力。

捌 现代自由体诗的朗诵

- **基本要求** —— 现代自由体诗的朗诵者要在词语的解读、诗行的联系、诗意的畅达、诗情的抒发、诗境的开拓方面,引发充分的联想,提高语言的功力。

- **具体要求**
  - 第一,了解全诗内容。
  - 第二,重点把握诗中的语言风格、表现手法、具体特点……
  - 第三,朗诵者要有现代感、时代感、目的性和主体性。
  - 第四,诗有不同的艺术个性和语言风格,朗诵者要择取鲜明的、贴切的语言样态。要注意整体性、匀称性、起伏度、疏密度的不同变化。从全篇到诗句,从行距到字词顿挫,都要符合"这一首"的独特性。

捌 现代自由体诗的朗诵

现代自由体诗,不再受严格的字数、行数、平仄、对仗、韵部的限制,逐渐向白话、口语的风格体裁靠近,给人以无拘无束、自由通俗的感觉,更有利于叙述故事、抒发感情、营造意境。但是,这并不等于"散文化",同样要注意推敲、炼字、立意。一首好诗,是不能抛弃"诗"的基本要求的。

从朗诵角度看,现代自由体诗更朗朗上口,技巧处理更自如洒脱,更便于听者理解和感受。不过,朗诵者的创作仍然不应降低要求,必须在词语的解读、诗行的联系、诗意的畅达、诗情的抒发、诗境的开拓方面,引发充分的联想,提高语言的功力。否则,白话诗就会成为白开水,淡而无味,味同嚼蜡。

那么,怎么训练现代自由体诗的朗诵呢?

第一,了解全诗内容,主要是写了什么事、什么情、什么主题?了解诗作者写诗时的背景、价值取向、感情色彩⋯⋯

第二,重点把握诗中的语言风格、表现手法、具体特点⋯⋯

第三,朗诵者要有现代感、时代感、目的性和主体性。不能像朗诵古典诗词那样,要唤起、引发厚重的历史感和已知的回叙感。

现代感,身处现代,有感而发;
时代感,时代风云,心潮起伏;
目的性,针对现实,有的放矢;
主体性,有动于衷,声情并茂。

第四,诗有不同的艺术个性和语言风格,朗诵者要择取鲜明的、贴切的语言样态。要注意整体性、匀称性、起伏度、疏密度的不同变化。从全篇到诗句,从行距到字词顿挫,都要符合"这一首"的独特性。

1. 刘半农《相隔一层纸》

屋子里∧拢着炉火,

老爷吩咐∧开窗买水果,

说"天气不冷∧火太热,

别任它烤坏了我。"

屋子外∧躺着一个叫化子,

咬紧了牙齿∧对着北风喊"要死"!

可怜∧屋外与屋里,

相隔只有∧一层薄纸!

这首诗表达了贫富悬殊的世界并非不可改变,一旦薄纸捅破,就会是另一种生活。朗诵时要把"老爷"和"叫化子"进行鲜明对照,强烈对比,然后突出"薄纸"。

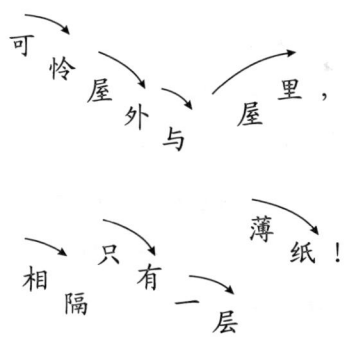

2. 郭沫若《天狗》

我是一条天狗呀！
我把月来吞了，
我把日来吞了，
我把一切星球来吞了，
我把全宇宙来吞了。
我便是我了！

我是月底光，
我是日底光，
我是一切星球的光，
我是X光线底光，
我是全宇宙底Energy（底）总量！

我飞奔,

我狂叫,

我燃烧。

我如烈火一样地燃烧!

我如大海一样地狂叫!

我如电气一样地飞跑!

我飞跑,

我飞跑,

我飞跑,

我剥我的皮,

我食我的肉,

我吸我的血,

我啮我的心肝,(啮:读音为 niè)

我在我的神经上飞跑,

我在我的脊髓上飞跑,

我在我的脑筋上飞跑。

我便是我呀!

我的我要爆了!

这首诗是"五四"时期要求个性解放的主流作品,是"狂飙"诗派的代表作。诗中表达了对自我力量的夸张,对自我过去的否定,以及对自我完善的渴望。重复句、排比句,要在明确逻辑关系、强化具体感受的基础上,有理有据、有情有意地落实到"这一句"的语气上,并对"这一句"和"那一句"(或"上一句"与"下一句")加以区分,在有声语言的流动中显示出差异。这差异的大小,要因色彩和分量而着意把握。

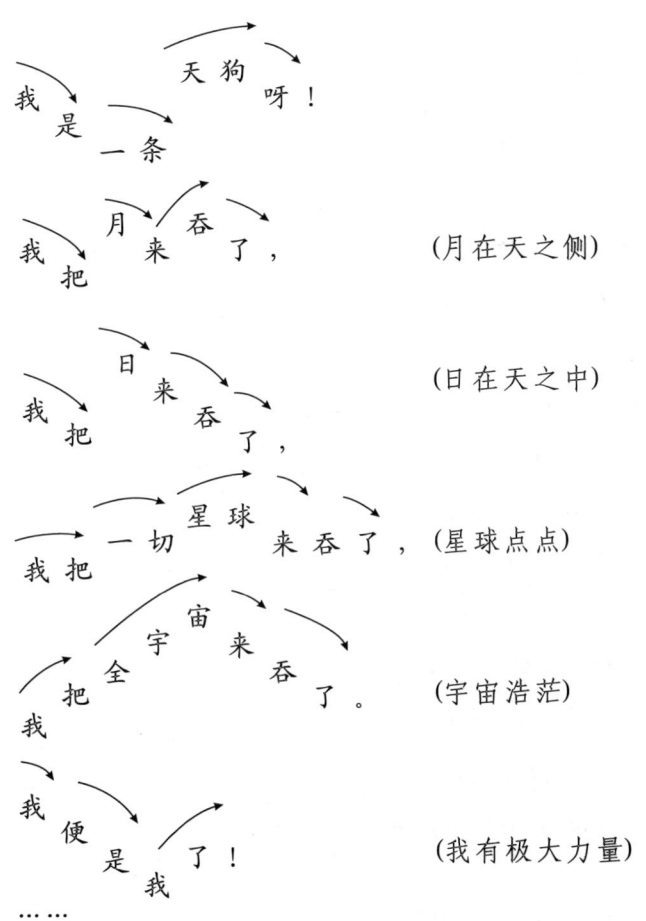

3. 徐志摩《再别康桥》

轻轻的我走了,

　　正如我轻轻的来;

我轻轻的招手,

　　作别西天的云彩。

那河畔的金柳,

　　是夕阳中的新娘;

波光里的艳影,

　　在我的心头荡漾。

软泥上的青荇,　　(荇:读音为 xìng,根生水底,叶浮水面)

　　油油的在水底招摇;

在康河的柔波里,

　　我甘心做一条水草!

那榆荫下的一潭,

　　不是清泉,是天上虹,

揉碎在浮藻间,

　　沉淀着彩虹似的梦。

寻梦?撑一支长蒿,

向青草更青处△漫溯，（溯：读音为 sù）
满载△一船星辉，
　在星辉斑斓里△放歌。

但我△不能放歌，
　悄悄△是别离的笙箫；
夏虫△也为我沉默，
　沉默△是今晚的康桥！

悄悄的△我走了，
　正如我△悄悄的来；
我挥一挥△衣袖，
　不带走△一片云彩。

　　这首诗是作者第二次去英国返回途中所写。康桥即今译之剑桥，作者曾就读于剑桥大学。
　　诗中表达了作者与母校依依惜别的深情，把剑桥大学的景色描绘得如人间仙境，作者的想象和表现的意象十分真切、准确，令人心驰神往、感同身受。"轻轻"和"悄悄"反复强调，构成了一幅柔美静谧的山水画。舒展的语气，亮丽的色彩，真挚的深情，爱恋的离别，不能不使人产生强烈的共鸣。朗诵时要以意境氛围为主，词语韵律为辅，一张一弛的节奏，一步一驻足的回环，传达出作者的飘逸淡雅的艺术个性。

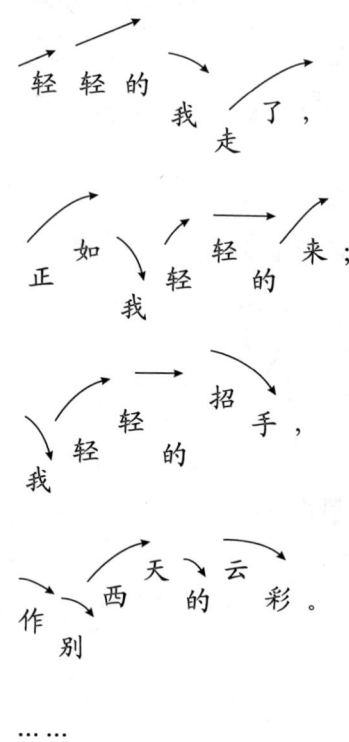

……

4. 朱自清《赠 A.S.》

你的手像火把,
△　△△
你的眼像波涛,
　　△
你的言语如石头,
△　△　△
怎能使我忘记你?
△△　△

你飞渡洞庭湖,

你飞渡扬子江,

你要建红色的天国在地上!

地上是荆棘呀,

地上是狐兔呀,

地上是行尸呀;

你将为一把快刀!

披荆斩棘的快刀!

你将为一声狮子吼,

狐兔们披靡奔走!

你将为春雷一震,

让行尸们惊醒!

我爱看你的骑马,

在尘土里驰骋——

一会儿,不见踪影!

我爱看你的手杖,

那铁的铁的手杖;

它有颜色,有斤两,有铮铮的声响!

我想你是一阵飞沙走石的狂风,

要吹倒那不能摇撼的黄金的王宫!

那黄金的王宫!

呜——吹呀!

去年一个夏天大早我见着你：
你何其憔悴呢？
你的眼还涩着，
你的发太长了！
但你的血的热加倍的熏灼着！
在灰泥里辗转的我，
仿佛被焙炙着一般！——
你如郁烈的雪茄烟，
你如醺醺的白兰地，
你如通红通红的辣椒，
我怎能忘记你呢？

　　这首诗是作者赠给好友邓中夏的。邓中夏参加革命后改名为"安石"，英文缩写即"A.S."。诗中热情奔放地赞美了共产党人，从理想到实践，从为人到献身，勾勒了一个革命者栩栩如生的鲜明的形象，如见其人，如闻其声。作者还抒发了对个人命运的感叹和对友人的深情思念。朗诵时应高昂、坚定地赞美，热诚、精心地表现，并体现出革命胜利后对先驱者的缅怀。

5. 闻一多《红烛》

蜡炬成灰泪始干

——李商隐

红烛啊！
△△

这样红的烛！
△△

诗人啊！
△△

吐出你的心来比比，
　　　△

可是一般颜色？（一般：重中格式，"一"要重出，同"一样"）
△△△

红烛啊！

是谁制的蜡——给你躯体？
　△　　　　　△△

是谁点的火——点着灵魂？
　△　　　△　△△

为何更须烧蜡成灰，
　　　　△

然后才放光出？
△△　△　△

一误再误；

矛盾！冲突！
　　　△△

红烛啊！

不误，不误！
△△

原是要"烧"出你的光来——
　　　△

这正是自然的方法。
△　　　　△

红烛啊！

既制了，便烧着！（着：读音为 zháo）
　　　　△△

烧罢！烧罢！
△△

烧破世人的梦，
　△

烧沸世人的血——（血：读音为 xiě）
也救出他们的灵魂，
也捣破他们的监狱！

红烛啊！
你心火发光之期，
正是流泪开始之日。

红烛啊！
匠人造了你，
原是为烧的。
既已烧着，
又何苦伤心流泪？
哦！我知道了！
是残风来侵你的光芒，
你烧得不稳时，
才着急得流泪！

红烛啊！
流罢！你怎能不流呢？
请将你的脂膏，
不息地流向人间，
培出慰藉底花儿，

结成快乐的果子!

红烛啊!
你流一滴泪,灰一分心。
灰心流泪你的果,
创造光明你的因。
红烛啊!
"莫问收获,但问耕耘。"

这首诗是作者表达自己献身决心的豪壮之音,自比蜡烛,发红光,流脂膏,培心花,结乐果,自己在奋斗中泪流干,身成灰,在所不惜,乐此不疲。最终,在乎的是奋斗的过程,而不在乎个人的收获。这是一种人生态度和人生况味,丝毫没有失望、落魄、悲凉、无助的哀伤。这种无私奉献的精神,是"五四"时期个性解放、追求科学和民主的主流意识形态,至今仍闪烁着灿烂的光辉,现在,尤其需要大力弘扬。朗诵时,应以豪情洋溢、信心百倍、无私无畏、为国为民的胸襟与气度,放声歌唱,热情赞颂!

6. 臧克家《有的人》
——纪念鲁迅有感

有的人活着,
他已经死了;
有的人死了,
他还活着。

有的人
骑在人民头上："呵，我多伟大！"
　　　　△　　　△
有的人
俯下身子给人民当牛马。
△　　　　　△

有的人
把名字刻入石头想"不朽"；
　△△　　　　△△
有的人
情愿作野草，等着地下的火烧。
　△△　　　　　△△

有的人
他活着别人就不能活；
　　　△△
有的人
他活着为了多数人更好地活。
　　　△△

骑在人民头上的，
　△△
人民把他摔垮；
给人民作牛马的，
人民永远记住他！
　△△

把名字刻入石头的，
　△△
名字比尸首烂得更早；
　△△　　△△
只要春风吹到的地方，

到处是青青的野草。

他活着别人就不能活的人，
他的下场可以看到；
他活着为了多数人更好地活着的人，
群众把他抬举得很高很高。

这首诗写于新中国成立后不久,鲁迅逝世纪念日。以对"人民"的态度,划分为两种人。本诗采用鲜明对比、反复褒贬的方法,使诗意深化,诗情强化,可为座右铭。开篇四行,应准确把握,不可含糊其词。

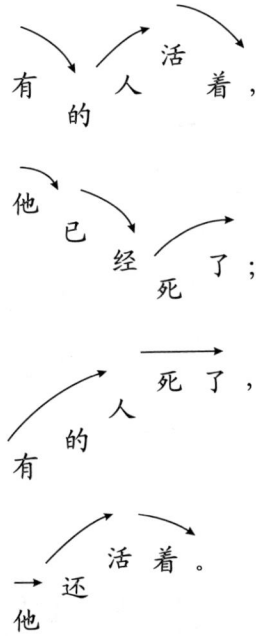

这是总领全诗的一节,"他"字要指向清楚。"鲁迅逝世",是"死"了;但,"鲁迅精神"永远"活"在人们心中。

7. 艾青《雪落在中国的土地上》

雪∧落在中国的土地上,
寒冷∧在封锁着中国呀……

风,
像一个太悲哀了的老妇,
紧紧地跟随着,
伸出∧寒冷的指爪
拉扯着行人的衣襟,
用着像土地一样古老的话
一刻也不停地絮聒着…… （聒:读音为 guō）

那从林间出现的,
赶着马车的
你∧中国的农夫,
戴着皮帽
冒着大雪
你要到哪儿去呢?
告诉你,

我也是农人的后裔——　（裔：读音为 yì）
由于你们的
刻满了痛苦的皱纹的脸
我能如此深深地
知道了
生活在草原上的人们的
岁月的艰辛。

而我
也并不比你们快乐啊,
——躺在时间的河流上,
苦难的浪涛,
曾经几次把我吞没而又卷起——
流浪与监禁
已失去了我的青春的
最可贵的日子,
我的生命
也像你们的生命
一样的憔悴呀。

雪落在中国的土地上,
寒冷在封锁着中国呀……

沿着雪夜的河流，
一盏小油灯在徐缓地移行，
在那破烂的乌篷船里
映着灯光，垂着头⌒
坐着的∧是谁呀？

——啊，你
蓬发垢面的少妇，
是不是
你的家
——那幸福与温暖的巢穴
已被暴戾的敌人
烧毁了么？
是不是
也像这样的夜间，
失去了男人的保护，
在死亡的恐怖里
你已经受尽∧敌人刺刀的戏弄？

咳，就在如此寒冷的今夜，
无数的
我们年老的母亲，
都蜷伏在∧不是自己的家里，

就像异邦的人
不知明天的车轮
要滚上怎样的路程……
——而且
中国的路
是如此的崎岖
是如此的泥泞呀!

雪落在中国的土地上,
寒冷在封锁着中国呀……

透过雪夜的草原,
那些被烽火所啮啃着的地域,
无数的,土地的垦殖者
失去了他们所饲养的家畜
失去了他们肥沃的田地
拥挤在
生活的绝望的污巷里:
饥馑的大地
朝向阴暗的天
伸出乞援的
颤抖着的两臂。

中国的痛苦与灾难
像这雪夜一样广阔而又漫长呀!

雪落在中国的土地上,
寒冷在封锁着中国呀……

中国,
我的‿在没有灯光的晚上
所写的‿无力的诗句
能给你‿些许的温暖么?

  这首诗写于抗日战争爆发之后,作者眼见敌人的猖狂、国民党的不抵抗和全国人民抗日的激情日益高涨,深感祖国命运的多舛,人民苦难的深重,凝重的忧郁笼罩全诗,刺骨的悲凉渗透着字里行间。一个一个具体的画面与一个一个人物的情状,鲜明而生动地形成历史性的回声,造就了时代的呐喊:战胜这寒冷,打破这封锁!朗诵时要在痛苦中体现出坚韧,在灾难中蕴含着抗争。不可冷漠地描写寒夜,不可怜悯地叙述伤痛。要注意,"雪落在中国的土地上,寒冷在封锁着中国呀……"这两句反复出现,每一次出现都是对上一层的总括,又是对下一层的强化,开篇的这两句也不可贸然出口,必有酝酿的积聚。要注意,诗行与诗意的错落停连关系,既有诗行的节律,又有诗句的清晰,不可只以诗行为停顿的位置。

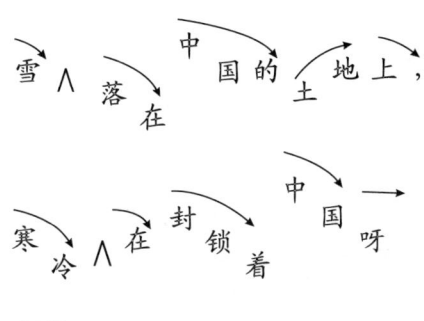

……

8. 何其芳《生活是多么广阔》

生活∧是多么广阔，

生活是海洋。

凡是有生活的地方∧就有快乐和宝藏。

去参加歌咏队，去演戏，

去建设铁路，去做飞行师，

去坐在实验室里，去写诗，

去高山上滑雪，去驾一只船颠簸在波涛上，

去北极探险，去热带搜集植物，

去带一个帐篷在星火下露宿。

去过寻常的日子，

去在平凡的事物中睁大你的眼睛，

去以自己的火点燃旁人的火，

去以心发现心。

生活͜是多么广阔，
△△　　△△
生活又多么芬芳。
　　　　△△
凡是有生活的地方就有快乐和宝藏。
　　　　　　　　　△△　　△△

这首诗以 15 个排比句揭示了生活是海洋、生活又多么芬芳的真谛，真诚热烈，通俗高尚，是召唤，是现实，是鼓动，是直感。没有浅薄的娱乐，没有个人的寂寥，完全是发自肺腑的对生活的热爱，真切感受到的生活的美好。朗诵时，要在波澜起伏的诗意中，表现出追求理想、探寻宝藏的积极热烈，享受到生命的价值和人生的乐趣。

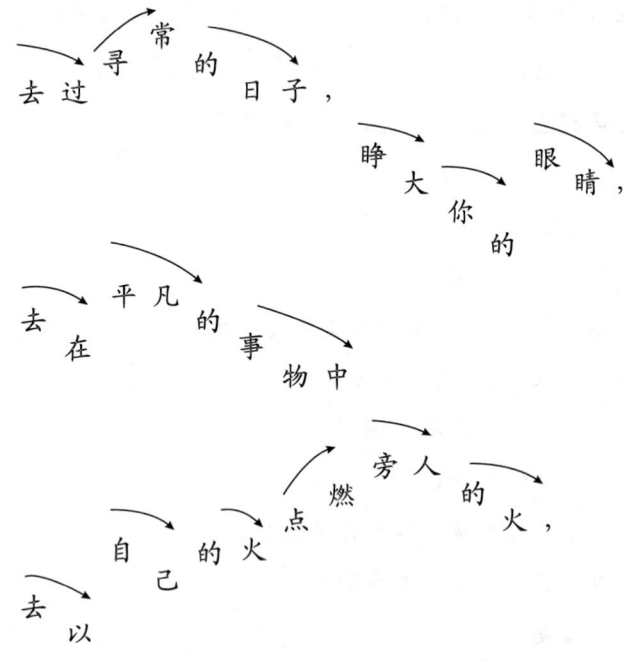

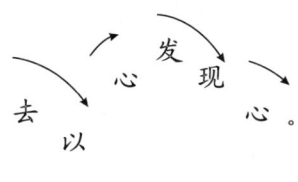

……

9. 贺敬之《桂林山水歌》

云中的神呵,雾中的仙,
△   △   △
神姿仙态桂林的山!
△△

情一样深呵,梦一样美,
△   △
如情似梦漓江的水!
△△   △

水几重呵,山几重?
△
水绕山环桂林城……
    △

是山城呵,是水城?
  △
都在青山绿水中……
       △

呵! 此山此水入胸怀,
             △
此时此身何处来?
      △△

……黄河的浪涛塞外的风,
   △△   △△

此来关山千万重。

马鞍上梦见沙盘上画,
"桂林山水甲天下"……

呵! 是梦境呵,是仙境?
此时身在独秀峰!
心是醉呵,还是醒?
水迎山接入画屏!

画中画——漓江照我身千影,
歌中歌——山山应我响回声……

招手相问老人山,
云罩江山几万年?

——伏波山下还珠洞,
宝珠久等叩门声!

鸡笼山一唱屏风开,
绿水白帆红旗来!

大地的愁容春雨洗,

请看穿山明镜里——

呵！桂林的山来漓江的水——
祖国的笑容这样美！

桂林山水入胸襟，
此景此情战士的心——

是诗情呵，是爱情？
都在漓江春水中！

三花酒掺一份漓江水，
祖国呵，对你的爱情百年醉……

江山多娇人多情，
使我白发永不生！

对此江山人自豪，
使我青春永不老！

七星岩去赴神仙会，
招呼刘三姐呵打从天上回……

人间天上大路开，

要唱新歌随我来！
　　△△

三姐的山歌十万八千箩，
战士呵，指点江山唱祖国……
　　　　　△△

红旗万梭织锦绣，
　　△
海北天南一望收！
　　　　△

塞外的风沙呵黄河的浪，
春光万里到故乡。
　　△

红旗下，少年英雄遍地生——
　　　　　　　△△
望不尽：千姿万态"独秀峰"！
△△△　　　　　△

——意满怀呵，情满胸，
恰似漓江春水浓！
　　　△△△

呵！汗雨挥洒彩笔画：
　　△△
桂林山水——满天下！……
　　　△

此诗作于 1959 年，表达了诗人爱祖国、爱人民的壮志豪情，以桂林山水的美景描绘了一个神话般的世界。朗诵时应注意"信天游"体的变化，两行一组，每行节拍基本相似。要抓住比喻、想象、一唱三叹的抒情特点，舒缓、深情，心旷神怡，错落有致。

10. 舒婷《致橡树》

我如果爱你——
绝不像攀援的凌霄花,
借你的高枝炫耀自己;
我如果爱你——
绝不学痴情的鸟儿,
为绿荫重复单调的歌曲;
也不止像泉源,
长年送来清凉的慰藉;（慰藉:读音为 wèijiè）
也不止像险峰,
增加你的高度,衬托你的威仪。
甚至日光,
甚至春雨,
不,这些都还不够!
我必须是你近旁的一株木棉,
作为树的形象和你站在一起。
根,紧握在地下,
叶,相触在云里。
每一阵风过,
我们都互相致意,
但没有人
听懂我们的言语。
你有你的铜枝铁干,

像刀,像剑,

也像戟;

我有我的红硕花朵,

像沉重的叹息,

又像英勇的火炬。

我们分担寒潮、风雷、霹雳;

我们共享雾霭、流岚、虹霓。(岚:读音为 lán,山雾)

仿佛永远分离,

却又终身相依。

这才是伟大的爱情,

坚贞就在这里:

爱——

不仅爱你伟岸的身躯,

也爱你坚持的位置,足下的土地。

这首诗表达了作者真挚的爱情观和自立的人生观,同时,形象化地说明了种种低俗的爱情、不平等的生活应该抛弃。诗中饱含着人生的哲理,又抒发了浓烈的人文关怀,可以延伸到对朋友的爱、对故乡的爱、对祖国的爱。朗诵时要在澎湃的激情中渗透着理性的思考,在是非的辨析中汹涌着生命的张力。要注意诗情中流露的女性的柔美。

11. 海涅《西里西亚的纺织工人》

忧郁的眼睛里没有泪痕,

他们坐在织机旁切齿痛恨：
德意志，我们在织你的殓布，　（殓：读音为 liàn）
我们织进了三重诅咒——
　　我们织，我们织！

一重诅咒给天主，我们曾向他哀求，
在严寒的冬季和饥馑的年头；
我们枉自抱着希望，白等一番，
他却将我们作弄、揶揄、欺骗——
　　我们织，我们织！

一重诅咒给国王，富人们的国王，
他对我们的困苦毫无慈悲心肠，
他刮去了我们仅存的一角钱币，
还叫人把我们当狗一样枪毙——
　　我们织，我们织！

一重诅咒给虚伪的祖国，
这儿到处滋长无耻和堕落，
花儿未开就早被摘掉，
腐败霉烂的垃圾把蛆虫养饱——
　　我们织，我们织！

梭子飞来飞去，织机轧轧作响，　（轧：读音为 yà）
他们不分昼夜，织得十分紧张——

德意志,我们在织你的殓布,
我们织进了三重诅咒,
　　我们织,我们织!

(钱春绮译)

　　这首诗是作者为德国西里西亚纺织工人发动起义而写的。这次起义是工人为反对资本家和封建势力而进行的自发斗争,虽被镇压,却说明工人阶级的觉醒,工人阶级以独立的政治力量登上了历史舞台。作者受到马克思、恩格斯的影响,以敏锐的洞察力认识到了这一点。在诗中,作者以纺织机运转的节奏感,用纺织工人的语言,揭示了资本主义自取灭亡的走向,高歌了工人阶级的抗争精神。朗诵时,要感受到紧迫的节奏和满腔的仇恨,以坚定深沉的基调,愤怒斥责的语气,表达出纺织工人特有的心声。要注意"我们织,我们织!"五次出现的不同色彩和分量。

12. 普希金《致恰达耶夫》

爱情、希望、平静的荣誉
都曾骗过我们一阵痴情,
去了,去了,啊,青春的欢愉,
像梦,像朝雾似的无影无踪;
然而,我们还有一个意愿
在心里燃烧:专制的迫害
正笼罩着头顶,我们都在
迫切地倾听着祖国的呼唤。
我们不安地为希望所折磨,

切盼着神圣的自由的来临，
就像是一个年轻的恋人
等待他的真情约会的一刻。
朋友啊！趁我们为自由沸腾，
趁这颗正直的心还在蓬勃，
让我们倾注这整个心灵，
以它美丽的火焰献给祖国！
同志啊，相信吧：幸福的星
就要升起，放射迷人的光芒，
俄罗斯会从睡梦中跃起，
而在专制政体的废墟上，
我们的名字将被人铭记！

（查良铮译）

这首诗是作者写给他的好友、十二月党人恰达耶夫的，是革命者的誓言，是对同龄人的热情召唤。朗诵时，要真挚昂扬，要有向朋友、向同志热诚倾诉的语气。

13. 裴多菲《旗帜》

你在干什么？你在缝什么？
你在缝补我的那件衣裳吗？
我对破烂衣裳已十分满意，
我的妻子，你还是缝起一面战旗！

我预感着，我预感到了什么，

只有天知道我预感到什么；
够了，预感出自我的心里，
我的妻子，你缝起那面战旗！

这样下去，不要太长的时间，
我预感时局将会发生突变，
就一跃而起向战场上跑去，
我的妻子，你缝起那面战旗！

自由是我们的无价之宝，
不会白得，付出的代价很高；
贵重的金钱：鲜血的血滴，
我的妻子，你缝起那面战旗！

如果是你那白嫩的手缝的，
胜利一定会爱上这面战旗，
胜利越来越和它亲密；
我的妻子，你缝起那面战旗！

（兴万生译）

　　这首诗是一首具有强烈政治抒情色彩的爱情诗。作者的妻子是匈牙利封建贵族的叛逆者。诗中表达了作者对自由的渴望，同时表达了对妻子的鼓励，成为革命伴侣的战前誓言、献身的精神与高尚的爱情融为一体。朗诵时，句句关爱，语语情深，发自肺腑，语重心长。

14. 泰戈尔《蒙尘的天祠》

你为何跪在闭户的天祠？
莫再诵经、苦修、祝告、膜拜！
躲在黑暗里你专心地
向谁秘密顶礼？
睁眼看看，神明已不在殿宇！

他去的地方，农夫在耕耘土地；
工人在毁石筑路，终年繁忙。
他与大家一起头顶酷日，栉风沐雨，
双手沾满尘土。
效仿他，把道袍丢在尘埃里！

解脱：你何处得到解脱？
造物主的羁绊，谁也超越不得。
莫再打坐，莫再供养，
沾身泥浆，将道袍撕破。
像他那样，挥汗劳作。

（白开元译）

　　这首诗选自泰戈尔著名的宗教抒情诗集《吉檀迦利》（孟加拉语，意为"献诗"）。表面上看，这是一首宗教颂神诗，但深入体味，其中蕴含着深刻的人生哲理：神也是活生生的人，劝告世人，从膜拜中解脱，回到现实中来。朗诵时，应以劝诫的语气，表达对人民劳作的热情赞扬。

15. 泰戈尔《萤火虫》

小小流萤,在树林里,在黑沉沉暮色里,
你多么欢乐地展开你的翅膀!
你在欢乐中倾注了你的心。
你不是太阳,你不是月亮,
难道你的乐趣就少了几分?
你完成了你的生存,
你点亮了你自己的灯;
你所有的都是你自己的,
你对谁也不负债蒙恩;
你仅仅服从了,
你内在的力量。
你冲破了黑暗的束缚,
你微小,然而你并不渺小,
因为宇宙间一切光芒,
都是你的亲人。

(吴岩译)

  这首诗赞美了微小但不渺小的萤火虫,表达了作者钟爱生灵、珍惜生命、自立自强、无忧无畏的人生哲理。朗诵时,要把握这一思想,具体感受"萤火虫"的"内在的力量",由衷地表现其生命的价值,语气舒缓,语势平稳,重点词句也不必着意夸张,在自如的叙述中,令听者获得整体的意象美。

16. 马雅可夫斯基《拍马家》

这种人——
　　　　　沉默寡言，
没有定型，
　　　　　很像肉冻，——
但他们中间，
　　　　　很多人
今天
　　却
　　　　　官运亨通。
头脑简单，
　　　　　身体孱弱，
彼得·伊凡诺维奇·保达希金。
无趣地
　　　　放着红光的
　　　　　　　　不是脑壳，
在肩头——
　　　　　是一个枣核，
满脸粉刺叫人恶心。
这一个
　　　　果子
　　　　　　如今沐浴着
上级亲切的
　　　　　温暖

　　　　　　阳光。
原因在哪里？
　　　　秘密在何方？
我
　常常仔细思量。
他的
　　生活
　　　　一帆风顺；
我无意
　　　损伤他的威望。
他的法宝——
　　　　　就是他的干练：
待人接物
　　　体贴入微、
　　　　　温柔善良。
舐你的脚，
　　　舐你的手，
舐你的下部
　　　舐你的腰，——
如同狗崽子
　　　　舐
　　　　　母狗，
猫娃子
　　　舐老猫。
舌头？！

　　　　六丈长，
拖出去
　　　赶上
　　　　　首长——
满是皂沫，
　　　　甚至
　　　　　　不用小刷子——
也能够
　　　把胡子刮得精光。
真是
　　精力无穷，
　　　　　　难以想象，
他
　　什么都要称赞——
你的职位、
　　　　资历
　　　　　　和气管炎，
你的英勇
　　　　和手上的老茧。
于是，
　　　他
　　　　　扶摇直上。
看见
　　他
　　　　人人都垂涎。

竟然
　　　在什么地方
　　　　　　　仿佛
授给他——
　　　　　施政大权。
大权
　　既然
　　　　在握，
就要让一切人
　　　　　接受
　　　　　　　谄媚的观点，
说得口沫飞溅：
　　　　　　　"尊敬，
尊敬
　　上级，
　　　　理所当然……"
瞧着他，
　　　　你会
　　　　　　颓然地太息：
这班
　　拍马屁的东西
是在怎样地嘲弄民主，
是在怎样大搞
　　　　　超级特殊的等级。
抡起扫把

```
        上上
            下下
扫掉
    一切
        没有主见的家伙，
    一切
        讨拍马家欢心的家伙，
    一切
        热心拍马的
            家伙！
```

（李海译）

这首诗尖刻地讽刺了拍马家，具有普遍的现实意义。阶梯形诗行是作者特有的表达方式，不但有参差视觉美，也有抑扬听觉美。朗诵时，可因势而行，不必换行就顿。

17. 聂鲁达《你的微笑》

你需要的话，可以拿走我的面包，
可以拿走我的空气，可是
别把你的微笑拿掉。

这朵玫瑰你别动它，
这是你的喷泉，
甘霖从你的欢乐当中
一下就会喷发，

你的欢愉会冒出
突如其来的银色浪花。

我从事的斗争是多么艰苦,
每当我用疲惫的眼睛回顾,
常常会看到
世界并没有天翻地覆,
可是,一望到你那微笑
冉冉地升起来寻找我,
生活的大门
一下子就都为我打开。

我的爱情啊,
在最黑暗的今朝
也会脱颖出你的微笑,
如果你突然望见
我的血洒在街头的石块上面,
你笑吧,因为你的微笑
在我的手中
将变作一把锋利的宝刀。

秋日的海滨,
你的微笑
掀起飞沫四溅的瀑布,
在春天,爱情的季节,

我更需要你的微笑,
它像期待着我的花朵,
蓝色的、玫瑰色的,
都开在我这回声四起的祖国。

微笑,它向黑夜挑战,
向白天,向月亮挑战,
向盘绕在岛上的
大街小巷挑战,
向爱着你的
笨小伙子挑战,
不管是睁开还是闭上
我的双眼,
当我迈开步子
无论是后退还是向前,
你可以不给我面包、空气、
光亮和春天,
但是,你必须给我微笑,
不然,我只能立即长眠。

(陈光孚译)

  这首诗对生活充满了激情。"你的微笑"就是生活的美好。对生活的热爱,对理想的憧憬,在这首诗中表现得自然而深刻,不是物质的、个人的,而是精神的、祖国的。朗诵时,应坚定昂扬、热情爽朗,张弛有致,舒展豪放。

➡ 知识梳理

怎么训练现代自由体诗的朗诵呢?

第一,了解全诗内容。

第二,重点把握诗中的语言风格、表现手法、具体特点……

第三,朗诵者要有现代感、时代感、目的性和主体性。

现代感,身处现代,有感而发;

时代感,时代风云,心潮起伏;

目的性,针对现实,有的放矢;

主体性,有动于衷,声情并茂。

第四,诗有不同的艺术个性和语言风格,朗诵者要择取鲜明的、贴切的语言样态。要注意整体性、匀称性、起伏度、疏密度的不同变化。从全篇到诗句,从行距到字词顿挫,都要符合"这一首"的独特性。

结　束　语

　　诗歌朗诵训练，从道理的讲解到实例的说明，从古到今，从中到外，均以适宜朗诵、便于掌握为原则，并无深浅难易的有序分野。初学朗诵者可以循此检索，有一定基础的朗诵者也可以以此为参照。

※　　※　　※

　　诗歌自古有之，鲁迅所说"杭育，杭育"，即最早的诗歌，大概只是从它的节奏看。从它的社会功能看，那自然的原生态与稚嫩性是明显的。但自《诗经》以后，便逐渐演变，诗性难移，诗态万千，枝蔓虽多，主干清晰。其中的民族风采、时代印记、语言独特、风格迥异，作为历史旁证、文化形态、语样佐证、民族精要，在每一代都有其真切的表现。我们确应为此自豪，并引发出弘扬、汲取的自觉。

　　新诗，或曰现代诗，虽有相当的华彩篇章，也流传广远，但同诗歌大国相对，却往往有某些历史性遗憾，同其他体裁相比，也常常有不少当代性羞愧。

　　诗歌的源流，不应中断。可借鉴、移植，但不应模仿、照搬。西方诗歌，自有其发展过程，流派纷呈，群英璀璨，很难作时空比对、优劣品评。值得注意的是，西方语言讲求理性剖析，时态亦十分严格，诗中的蕴藉，总是在扑朔迷离中迸发智者之光；诗句的排列，大都在缩略跳跃中显现客体之象。这同我国诗歌的意象、意境、性灵、感受的"诗情画意"有不少差异,特别是韵律的精美,几乎在翻译中多有丢失。我们的诗歌,不能走西方诗歌的路,不论象征、隐喻、印象、朦胧,如不在韵律上作成熟老到的探微,就同"大白话""散文化"差不多了。也可以这样说,西方的诗歌翻译成汉语,既要照顾原诗的韵律,也要合乎汉语的韵律,而汉语诗歌翻译成外文,直译其意,也是远远不够的。因"自由""现代",而不再遵循汉语韵律的"规律",恐怕是这些年诗歌少有"经典"的一个原因。

※　　※　　※

诗歌原本就是口头的,一定要上口、顺耳,一定让人在听觉中明白内容,给人以音声上的美感。自有文字以后,诗歌写在纸上了,能够反复推敲了,但诗歌仍然是属于口头的,大部分经典传世之作都有韵律美的特点。严格地说,诗歌是"吟"成的,而不应只是"写"成的。现代诗歌,有时过多地注意了文字美,而忽视了音声美。我们在选择历代诗歌时,古代诗歌除了用语隐晦、用典过多的以外,大部分可选,只是由于篇幅和训练要求,忍痛割爱者众;现代诗,真正能适宜朗诵的很不容易找到,因此忍痛割爱者寡。高兰先生致力于朗诵诗的推广,却收效并不理想。其原因之一,大概也是我们的诗人"写"出的多,"吟"成的少。

特别是当代诗歌,众多诗人和诗作,只能在案头上反复阅读、钻研,张口朗诵,却不易被听者听懂。读者中,能捕捉其意象、体悟到蕴含的,恐怕为数不多。现在,还是应该提倡大众化,那不是浅白,而是深入浅出。读不懂的诗,如何发挥社会效益?既然看不懂更听不懂,还能进入经典的史册么?

※　　※　　※

朗诵诗歌,不仅仅是对原诗的开掘、丰富,也是在历史的各个闪光点上发现诗人和社会的联系。真正优秀的诗歌,是对家事、国事、天下事事事关心的结果,绝不是个人化、私人化、内心化的狭小圈子里的产物。在朗诵中,我们一定能净化我们的心灵,提升我们的思想境界,开阔我们的视野,增强我们的社会责任。

当前,大众化的文化含量亟须增加,那些娱而不乐、闹而无剧的现象,真是到了该刹车的时候了。祖国的文化宝库博大精深、用之不竭,国外的文化流变色彩纷呈、引之不尽。我们应当在诗歌的经典总量上增加美轮美奂的一页,而不应在我们这个时代留下苍白。

有一种理论,认为要进行可与"五四"相媲美的"汉语解放运动",要解放被普通话取缔的广大领域。这种豪言壮语,无异于拉着自己的头发想离开地面。实际上是应该让普通话占领尚未开垦的处女地,不要让这些处女地被非普通话蹂躏!当诗歌进入普通话规范及审美空间的时候,民族的、大众的、师承传统又关怀时代的好诗就会层出不穷了。不登上巨人的肩膀,是不会有反映风云变幻、情趣盎然的诗歌的。

等待不如进取,另辟蹊径可以通幽。但没有通衢大道、草木丛生、鸟鸣猿啼、朝阳落日,任何路途也不会熠熠生辉、光照寰宇、感天动地、英才辈出的。

让我们在朗诵历代名篇佳作的时候,也大声疾呼:脍炙人口的诗歌多些再多些吧!

主要参考书目

古代汉语词典[M].北京:商务印书馆,1998.

胡明杨.中外名诗赏析大典[M].成都:四川辞书出版社,1992.

萧涤非,马茂元,程千帆,等.唐诗鉴赏辞典[M].上海:上海辞书出版社,1983.

唐宋词鉴赏辞典[M].上海:上海辞书出版社,1995.

郭绍虞.中国文学批评史[M].天津:百花文艺出版社,1999.

后　记

　　这本小册子出版后,得到了广大朗诵爱好者的关注,使我十分感动。

　　作为播音员、节目主持人锤炼语言功力的必修课,诗歌朗诵早就成为专业训练的重要内容。但是如何训练,初学者往往找不到路径。特别是在强调了理解和感受之后怎样将其落实、表现出来？除了遵循有声语言的基本表达规律,具体到每一行诗、每一首诗,究竟如何进行创作？我们采取了"模糊图形"的示意方法。所谓"模糊图形",并不是朗诵过程的严格轨迹,而是一种大体的趋向与态势。可以因人而异、因时而变、因地而生、因情而动,从而产生千变万化的各种样态。它不是束缚手脚的绳索,不是消弭个性的桎梏。虽然可以模仿、体味,以利于进入创作状态,却无须亦步亦趋、不敢越雷池一步。

　　诗歌朗诵,是学习和继承优秀民族文化传统的有效途径之一,是感同身受地净化心灵的重要手段之一,是提升有声语言表达能力的必要通道,是催生有声语言典范的攀登阶梯。它的广泛性和群众性、便捷性和个体性是具有明显优势的。应该大力提倡、积极推广！

　　这次改版,显得更醒目、更美观了。特别要感谢出版社的赵欣同志,她花费了大量心血,字斟句酌,瑕疵必较,一丝不苟,严谨周密,使这本小册子增添了许多新意和美感。

希望这本小册子给读者带来乐趣和收益!
希望得到更多的意见和建议!

张 颂

2007年12月24日于"三书屋"

图书在版编目(CIP)数据

诗歌朗诵 / 张颂编著. -- 3 版. -- 北京：中国传媒大学出版社，2022.1（2023.6 重印）

（融媒体播音员主持人训练手册）

ISBN 978-7-5657-3120-4

Ⅰ.①诗… Ⅱ.①张… Ⅲ.①诗歌—朗诵—语言艺术 Ⅳ.①H019

中国版本图书馆 CIP 数据核字（2021）第 274296 号

诗歌朗诵（第三版）
SHIGE LANGSONG（DI-SAN BAN）

编　　著	张　颂
策划编辑	赵　欣
责任编辑	赵　欣
责任印制	阳金洲
封面设计	拓美设计

出版发行	中国传媒大学出版社
社　　址	北京市朝阳区定福庄东街 1 号　邮　编　100024
电　　话	86-10-65450528　65450532　　传　真　65779405
网　　址	http://cucp.cuc.edu.cn
经　　销	全国新华书店
印　　刷	北京中科印刷有限公司
开　　本	880mm×1230mm　1/32
印　　张	9.5
字　　数	222 千字
版　　次	2022 年 1 月第 3 版
印　　次	2023 年 6 月第 2 次印刷
书　　号	ISBN 978-7-5657-3120-4/H・3120
定　　价	38.00 元（附数字资源）

本社法律顾问：北京嘉润律师事务所　郭建平